耶穌
和他的
父
他的朋友和家人講述的故事

耶穌
和他的
父

他的朋友和家人講述的故事

「耶穌所行的事還有許多, 若是一一地都寫出來, 我想, 所寫的書就是世界也容不下了。」《約翰福音》 21:25

高卓華 （TREVOR GALPIN） 著

黎邦懷 譯

Copyright © 2020
Published by TLG Mins
First Published in Great Britain in 2014.

Design & Layout by Tom Carroll
ISBN: 978-1-8380570-2-2

Unless otherwise stated Scriptures are taken from the Holy Bible, New International Version.
Copyright © 1973, 1978, 1984 by International Bible Society.
Used by permission of Hodder & Stoughton.
All rights reserved.

The right of Trevor Galpin to be identified as the author of this work has been asserted by him in accordance with the Copyright, Designs and Patents Act 1988.

All rights reserved. No part of this publication may be reproduced, stored in a retrieval system, or transmitted in any form or by any means, without the prior written permission of the author, nor be otherwise circulated in any form of binding or cover other than that in which it is published and without a similar condition being imposed on a subsequent purchaser.

British Library Cataloguing in Publication Data.

作者：高卓華　(Trevor Galpin)
譯者：黎邦懷　(Pong Lai)

中文譯本國際標準書號 (ISBN)：978-1-8380570-2-2
中文譯本 2020年初版第一次印刷

版權所有，不得翻印

除特別註明外，所有經文均引自《新標點和合本》，版權屬香港聖經公會所有，蒙允准使用。其他凡註明引自《聖經新譯本》或《環球聖經譯本》，版權屬於環球聖經公會，蒙允准使用。

目錄

譯者的故事　　　　　　　　　　9
感謝的話　　　　　　　　　　　12
前言　　　　　　　　　　　　　14

講故事的人

耶穌的母親馬利亞　　　　　　　21
施洗約翰　　　　　　　　　　　38
耶穌的弟弟雅各　　　　　　　　53
安得烈, 第一位門徒　　　　　　70
耶穌在井旁遇到的婦人　　　　　85
恐怖分子西門　　　　　　　　　95
法利賽人西門　　　　　　　　　108
尼哥德慕, 公會的人　　　　　　128
雙胞胎的多馬　　　　　　　　　142
漁夫西門　　　　　　　　　　　157
約翰·馬可, 福音書的作者　　　 183
撒羅米, 耶穌的姨母　　　　　　194
抹大拉的馬利亞　　　　　　　　213
約翰, 耶穌所愛的門徒　　　　　231

高卓華牧師的其他著作　　　　　242

譯者的故事

我在英國當卡士達華人基督教會舉辦的「天父心事工」營會中，遇到高卓華 (Trevor Galpin) 牧師。這教會是當地一所小教會，大部分會眾都是說中文的。在營會中，我很快便被他的講故事風格吸引，他的教導內容是以聖經為本。聚會中，我心裡不期然地湧出那份渴慕，想要跟神結連，以祂為我的「父」。這是我進入跟「父神」真正關係旅程的起點。此後，高牧師在不同的華人教會中主領「天父心事工」的營會和課程，我榮幸能作他的翻譯員，將他的訊息翻譯成我的母語廣東話。幾乎每次在翻譯時，我都感到聖靈在我和他中間運行，我們真的是同感一靈；那真的是喜樂、震撼心弦和蒙福的時刻。

我決定要重新探索如何真正活出作兒子的生命。這是一個充滿歷奇的旅程。我鼓起勇氣踏出我現在所處的安舒地帶，跳進我人生過去的深淵，潛進我內心深處隱密和狹窄的通道，忽然豁然開朗，來到那廣濶無邊、甦醒心靈「父」愛的大海汪洋中，享受著「父」愛的大包圍和擁抱。我成為一個基督徒是五十多年前的事了，直到近年，我才領會到神是我的「父」這事實，重拾赤子之心，開始走上那「小孩子」的路。

我生於一個傳統家庭中。我父親有三位太太；在那年間這是合法的，也許還是身份和地位的象徵。我出生不久後，家境便直綫向下滑，這個大家庭在現實環境和情感上都變得四分五裂。我愛我媽媽，她獨自日夜勞苦，養育她巢裡四個孜孜索食的孩子。但在我的心中，卻有一個深深的黑洞。這些歲月裡，許多時候，我都像是個孤兒一樣活著。

在我人生的旅程中，我一直攜帶著這個孤兒心。甚至在信了耶穌後，我仍然帶著孤兒心走這「新」路程。我可以熱情地、親密地向我的救主耶穌祈禱，父神只不過是我頭腦上的認知。我屬靈生命中仍然有一個深深的黑洞。我竭盡所能地去活出基督徒的樣式，事奉我的主、我的神。頸上掛著的重擔叫我一拐一跌地走這路程。我在很好的中國文化家教中長大，不會也不能夠怪責父母，尤其是父親。但我心中對他們的失望，甚至憤怒，卻是那麼真實。在我跟從基督的新路程中，我還是攜帶著這個孤兒心。

　　那一天，我身心都疲憊極了，父神親自來向我顯示。這個孤兒小孩子終於找到他真正的「父」了。我隨即發覺自己浮沉在「父」愛的大海汪洋中。我把自己的生命打開，請求「父」將「天父心」植在我心裡，這是何等令人興奮和重新得力的經歷。我投身潛到我內心的深處，順著那「兒子的靈」強大的水流滑翔在「父」無邊無際、愛的海洋中。在「父」慈愛的同在中，我認知、擁有和擁抱過去的傷痛，得到釋放和自由，從心裡饒恕我肉身的父親。在那次「天父心事工A課程」中，我在寫那《給父親的信》，那些責備和怨言神蹟地變成了體恤和欣賞的話，傷痛的淚水變成了喜樂的淚光。

　　講到這裡，你可能猜想到我一定喜愛潛水。是的，我是個熱愛潛水的「發燒友」。以前我是《老人與海》中的老人，現在似是那「老頑童」啦！

　　在本書每章的起頭，作者戲劇性地，以講故事的人第一身的方式親口講述自己的故事。然後附上他研究搜集的背景資料，使讀者更能洞悉故事的脈絡；最後宣講他那喚起讀者心靈迴響的教導。在翻譯這些故事的時候，我發現自己好像變成了箇中的主角，親口以我的母語在分享我的心路歷程。我祈求那感動講故事

的人、本書的作者和翻譯者的聖靈，也感動閱讀的人。我希望中文讀者們也能夠品嚐到那股道地的中國風味。

在翻譯過程中，引用聖經的經文時，我採用了中文傳統普用的《新標點和合本》中文聖經。偶然有採用其他版本的地方，我會特別提出。有些人名和地名可能有不同譯法的，我會附上原著英文的名稱，以便對照參考。

在此，我衷心感謝關浩賢先生為我作校對工作，他精細入微的眼光給予我很大幫助。當然，這譯本若有不完善的地方，都是我的傑作。

最後，我從心底裡感謝和欣賞過去四十五年伴我行的太太家蘊，讓我套用高卓華牧師的話：「妳使我坐下，也使我起來作工」。我兩位至愛的女兒爾愛和爾詠，我欣賞你們對我的忍耐，我現在還在學習如何去表達父親的愛，但我已經找到了那口活水的井，可以支取那湧流不息「父」完全的愛。

感謝的話

我寫的第一本書是述說我自己的故事。這書卻不同,是發自內心湧出的那份興奮和挑戰。我素來都心儀於故事背後的故事,因此我一生對福音書都特別感興趣。我早年看過的萊特‧德格拉斯(Lloyd C. Douglas)寫的《袍子》,我很快就看完整本書,然後又看他寫的《大漁夫》。這兩本小說都是以《新約聖經》福音書作背景寫的。我喜歡小說內的人物,他們都是真人真事,是親身遇見過耶穌的人。這份熱衷驅使我在十七歲時在我母會中寫了一個話劇,取材於《使徒行傳》的早期事蹟,劇中的人物都是在聖經故事中的小人物,包括了約翰‧馬可和他的母親馬利亞、司提反、羅大和猶士都‧巴撒巴。教會竟然賞識,甚至演出我的作品呢!

其後,我研讀神學和教會歷史,並且長大成人!但是我對人物的興趣從來沒有減退。四十四年後,我重訪這些人物的世界,探索他們遇到耶穌的場景和他們對耶穌的觀感。我特別想聆聽耶穌跟他們的談話,分享他們對耶穌所言所行的領受。

之後,我很榮幸能遇上那些在我屬靈旅程上與我同行的人,透過他們我認識到神是我的「父」。我一直都知道祂是天父,並且一生在事奉祂,但只是在最近幾年,我才經歷體驗祂是無條件地愛著我,祂是我的父。我非常感謝「天父心事工」的詹姆士和坦妮詩‧佐敦(James and Denise Jordan),他們在這旅程中一直鼓勵我。透過他們語重深長的教導和支持,我開始再回到福音書中探討耶穌跟人的對話,他如何向人啟示「父」,因為我知道這些人從耶穌得到有關「父」的啟示是最獨特、珍貴和真實的。

此外,我很享受跟一些作家和神學家的對話,在其中成長。他

們影響了我的思維，重新塑造了我一些固有的神學理念。其中特別是巴斯達·古格 (C. Baxter Kruger)，他令我更深入思考，他的著作也帶給我很大的激勵和喜樂。保羅·楊格 (Wm Paul Young) 兩年前鼓勵我寫書，我感謝他那具感染力的說話和寫作風格。

感謝那些協助成書的人。感謝馬可·基德 (Mark Gyde) 和依莉·卡門 (Ellie Carman) 智慧和恰可的建議，對我的文法、字句和風格大刀闊斧的修正；感謝多馬·嘉路 (Tom Carroll) 的藝術技巧和設計。

最後，感謝我妻子蓮達 (Linda)，妳相信我是能夠完成這使命的，妳幫助我堅持下去，妳使我坐下寫作，也使我起來行走。沒有妳，我不可能做得到。

前言

耶穌從來沒有著書, 但他能夠閱讀和書寫, 並不是個第一世紀目不識丁的加利利平民。有關他書寫的記載只有一次。按他的朋友約翰在福音書上記載, 當猶太教的尖子設陷阱, 引他認同他們擲石頭處死一個婦人的時候, 他蹲在地上寫字, 雖然不知道他在寫甚麼。

耶穌能夠閱讀希伯來文。路加在耶穌生平事蹟中, 記載他在加利利拿撒勒的會堂裡閱讀經卷, 這些猶太經卷是用希伯來文寫的。

他能說第一世紀在加利利和猶太地通用的亞蘭語, 今日在土耳其有些人還在用這地方語言。我們只能找到有他用亞蘭語說短短的幾句話。例如馬可在耶穌生平事蹟中, 記載了耶穌向睚魯已經死去的女兒說:「大利大, 古米」, 這短短的鄉音土話叫在場的人聽到很入心, 他們是親眼看到女兒死而復活的睚魯和他的妻子, 也是跟耶穌一起的彼得和西庇太的兒子雅各和約翰。早期教會相信馬可根據彼得的教訓和回憶編寫《馬可福音》, 他從彼得口中也聽到這話。

我們知道有關耶穌的事、他所說的話和教訓都不是他自己寫下的, 卻是用第一世紀羅馬世界的通用希臘語流傳下來的。這不是荷馬 (Homer) 或柏拉圖 (Plato) 所用那複雜和深含哲理的古典希臘語, 而是兩千年前市井平民日常生活使用, 那不經修飾的通用語言。這語言是用於羅馬政府官員向羅馬皇滙報、商人和店主人買貨、哀悼者在墓碑刻上的輓文、龐貝市的妓院牆上嫖客的留言、亞歷山大亞市沙堆出土第一世紀人掉下的買物清單、選舉時在牆上向當時政客的塗鴉罵言、在戰場前線軍人寫給他家

中愛人的情信。馬可、路加、馬太和約翰就是用這語言寫下他們所聽見、看到、想起耶穌的所作所言。

今天我們接收到耶穌所說的話，起初是耶穌用亞蘭語說出，以通用希臘語寫在福音書內，然後再翻譯成我們自己的語言。在翻譯過程中，可能會失去了一些原本的訊息的精義。那麼，這會影響我們對耶穌的認識嗎？我們能確實知道耶穌的所言所作嗎？這在乎翻譯的技巧、準確程度和對難譯詞句的處理。此外，我們現有最早期的《新約聖經》抄本是源於第三世紀中至後期。《西乃抄本》Codex Sinaiticus 是其中最著名和最重要的抄本，它是十九世紀俄羅斯學者和聖經抄本專家康斯但丁·蒂申多夫 (Constantin Tischendorf) 在西乃山山腳下古舊的聖凱瑟琳 (St. Catherine) 修道院中找到的。他可稱為十九世紀的印第安納·鍾斯，曾多次到訪這修道院，找到許多古抄本 (紙莎草紙書卷) 的碎片。據說他當時看見一位修士用這些古卷來生火取暖。這古抄本的發現對研究古卷經文非常重要。

就算最理想，這些古卷只不過是原卷抄本的抄本。最古老的古卷碎片是在亞歷山大亞的垃圾堆中找到的。這塊《約翰福音》的細小碎片不到九厘米高，現藏在英國曼徹斯特市的約翰萊蘭絲圖書館 (John Rylands Library) 中。它的一面記載了十八章三十一至三十三節，另一面記載了十八章三十七至三十八節。這塊細小的碎片卻具很大重要性，因為它被鑑定是主後二世紀初的物件，是現在所有各種語文新約聖經中最早期的古卷碎片。

過去有許多學者和神學家質疑福音書的真實性和可靠性。他們常用的思考方式，首先假設福音書不可靠，不能提供耶穌所作所言的真確資料，然後去嘗試尋找那「歷史人物耶穌」，認識那

歷史中的耶穌。他們認為耶穌的事蹟是福音書成書許久以前發生的，福音書的記載是經過後來教會傳統過濾後的產品，不能被視為真確。持這樣見解的人通常都不相信他們所研究的記錄，就像耶穌所說的「聰明和通達的人」，因此耶穌帶來的啟示，他們既看不懂，也不能接受。

這些文學評論家認為福音書的作者不是歷史人物馬太或耶穌所愛的門徒約翰。他們認為《馬可福音》和《路加福音》是第一世紀末或第二世紀初的文件，是事件發生後很多年後才寫成的；真正的作者不是與耶穌同時期的人，卻是一代或兩代後的基督教護教者。他們認為這些著作是經過早期教會的神學思想過濾後的產品，質疑其準確性。基本上，他們不肯面對真理；在福音書的記載中，耶穌來到我們中間彰顯神，向我們啟示神是我們的父，他們卻不肯面對這真理。

但是，除了藉四福音書以外，我們怎能知道耶穌的所言所行呢？縱使那些所謂文學評論家質疑，我卻相信這些福音書是在事件見證人還在世時寫成的。早期教會堅持馬可記錄了彼得的教訓和回憶。因此，《馬可福音》成書的時候，許多事件見證人極可能還在世。

當閱讀這些福音書時，我不能不察覺到這些故事的內容是那麼細緻和具真確性，不能不感受到那真理的迴響和現場目擊見證的味道。現在有愈來愈多的基督徒作家和神學家採取一個更新的思考方式，以評論分析的眼光和相信的心一併去重溫這些經典。其中有理察·布咸（Richard Bauckham），他著有《耶穌和目擊證人》 Jesus and the Eyewitnesses 一書。他說：「《馬可福音》是最早成書的福音書，在其他三卷聖經正典福音書，《馬太福音》、

《路加福音》和《約翰福音》成書的時候，那些還在世的目擊證人越來越少了，他們的見證也可能會隨他們的去世而消逝，在這些目擊證人還在世的日子，基督徒留心聆聽他們的見證，並且確認這是目擊證人的陳述。福音書作者所承受的不是口傳的傳統，卻是目擊證人的見證，這是我們研讀福音書的底線。」

布咸在福音書中目擊證人的見證中發現到一個整體特色。他說：「見證人口中所作的見證，要求聽眾去相信，這是不可削減的要求。相信見證不是放棄理性的分析，非理性地去相信；卻是對真確的見證理性地作出適當的回應。福音書是見證，藉此我們可以走進『歷史中的耶穌』的真實裡，這是完全合宜的思考方式和尋索真理的途徑。」

他繼續說：「從神學來說，福音書的文字記錄正正需要見證來辨識耶穌在歷史中所啟示的神。見證讓我們以適當的歷史和神學的方式來閱讀福音書，它是歷史和神學的交滙處。」Bauckham, *Jesus and the eyewitnesses*, Eerdmans Publishing Co. 2006.

我絕對相信福音書是耶穌生平記錄的見證寶藏。福音書的作者從一個豐富的見證資料庫中搜索揀選。馬可主要從彼得那裡得到許多見證。約翰在許多他記載的事件中親身在場，也似乎記錄了獨自跟耶穌相遇的人的見證，例如撒瑪利亞婦人在敍加井旁跟耶穌相遇的記載。馬太看來搜集了大量耶穌的教訓，包括他親耳聽到的和在早期基督徒社群中廣泛流傳的教訓。學者認為馬太用希伯來文寫下這些記錄。無可質疑地，路加定意搜集有關耶穌的資料，他特別指出其他人的記錄是目擊見證。在他寫的福音書起頭，他說：

「有好些人提筆作書，述說在我們中間所成就的事，是照傳道的人從起初親眼看見又傳給我們的。這些事我既從起頭都詳細考察了，就定意要按着次序寫給你，使你知道所學之道都是確實的。」《路加福音》1:1-4

路加說他從起頭詳細考察一切，向他的讀者們（開始時是委任他著書的提阿非羅大人）呈上一個有次序的耶穌生平記錄，使他們對所學之道的確實性可以無可置疑。

福音書裡收集和寫錄了聖靈提醒和感動耶穌的家人和朋友的回憶錄。在這些回憶錄和見證中，耶穌一直都是說他所聽到「父」說的話，作他所看到「父」作的事。我這本書的主旨是探索耶穌怎樣透過他的生命、他的教訓和他與別人的相交來啟示他跟他的「父」的關係。

我在本書中揀選了一些在福音書故事中出現的人物，在每章中我想像他們怎樣跟別人述說他們的經歷和回憶，用一個說故事者的方式表達出來。

我搜集了幾個福音書中有關人物的記錄，把它們串連起來，編寫成一個故事。在其中某些段落中，我運用了戲劇性的方式去模擬跟他們傾談對話。我嘗試想像他們會對他們所見證和經歷的事件的反應和思想。當然，我們可以在《新約聖經》起頭的四福音書中找到記錄的原來版本。

我們常碰到的一個問題，就是那所謂的「福音書的差異」，四福音書之間記載的差別和缺乏一致性。當我閱讀這些故事的時候，發現有時候同一事件有不同的記錄，給我有深刻印象，加添了那份目擊證人報導的感覺和事件的確實性。例如三個人看到同一

事件，三個人的報導都有他們獨特的版本和內容的細節。對我來說，這並不減低對他們報導的評價，反而覺得更豐富，加添了活潑的生命色彩。同樣地，各福音書都是獨特的，作者以他的心意和風格去處理書中的人物和事件。在這一切之上，聖靈奇妙地監督著，把這些故事活化，使真理進入到我們的心中。

在主後二世紀大約170年，早期教會的教父殉道者游斯丁 (Father Justin Martyr) (約主後110-165年) 的前學生塔蒂安 (Tatian) 決定為使人對耶穌一生有按年歷時序的認識，就把四福音集合成一卷連續性敘述，他稱之為《四福音合參》 *Diatesseron*，即是「四合一」的意思。他刪除重覆的，協調有差異的，甚至更正他認為遺漏了的。但可惜，他並非常常很準確，甚至加進了不少取自諾斯底派《希伯來人福音》的資料。對他公平些來說，在他的年代，不是每一個人都能肯定那一卷福音書是確實的、是源自第一世紀目擊證人的。

這合參本是第一本福音翻譯本，從希臘文翻成敘利亞文，成為公認的敘利亞文福音書約有三百年之久。許多人覺得這合參本容易用，所以當時非常流行。它的使用和影響力普及東羅馬帝國，擴展至印度、中國，甚至蒙古。在主後423年，當時在敘利亞的居魯士主教狄奧多勒 (Bishop of Cyrrhus, Theodoret) 把合參本中那些源自不可靠的《希伯來人福音》有問題片段刪除，並且定之為異端，燒毀所有能找到的複本。

本書不是要協調所有福音故事，也沒有包涵了每一個記錄。我只選擇了關於在福音書中的某些人物的故事，然後結合在一起。我把一些個別的事件串連起來，嘗試建議事件可能是怎麼樣發展。我想像他們對於所見所聞可能有的想法。當然，我這不客觀的做

法, 可能令有些人氣惱。在故事中某些地方, 我也有時有點淘氣。所以如果今天二十一世紀的狄奧多勒不喜歡本書, 甚至定之為異端, 也由他吧, 他所燒毀的複本, 只要他肯付款, 我並不介意呢。

可能的話, 我在故事中加插了一些背景, 以助讀者掌握故事的情景和脈絡。不然, 我在故事末後加上註釋和進一步的分享。

我刻意探索和描述耶穌藉這些人物帶出關於「父」的啟示, 我相信聖靈在《新約聖經》福音書中把這些啟示連貫起來。

這就是本書的主旨。在過去許多年日中, 我作為一個基督徒, 真的忽略了耶穌來是要向我們啟示「父」。對這啟示, 我才剛剛入門, 如今在聖經中幾乎每章每頁中, 我都驚訝地發現到「父」就在那裡。我渴想在本書的範圍和脈絡中去探索「父」的啟示。這是個有趣和收獲豐富的歷程, 每一個段落, 每一個交談, 耶穌都賜給我有關「父」新的啟示。

解釋夠了, 讓第一位人物來述說他們的故事吧。

第一位講故事的人

耶穌的母親馬利亞

「每位母親都有她的私人寶庫,保存了她人生最珍貴的東西,無人可以奪去,無論去到那方都會隨身攜帶著它。它是我最珍貴的擁有,豐豐滿滿的藏在我心底。在過去的年日,每天我都會跑到我的藏珍閣那裡,細味那些珍貴寶貝的回憶。

我承認我年老了,但心境還是像個年輕的婦人。那個年頭,我還是雲英未嫁,那些的日子我都記憶猶新。近日來我常常喜歡向人『想當年』,大概每位老人家都是這樣的吧。

最近我很多時跟一位年輕醫生相聚,我身體並不是有甚麼不妥當,只是我喜歡跟他暢談往事。他名叫路加斯,有人簡稱他路加,我們有時候直稱他『大夫』。他是一位可愛的年輕人,最近跟他的朋友保羅路經此地。保羅跟我們這裡以弗所教會的長老們說,這可能是他最後一次的到訪了,他要去耶路撒冷。我們都曉得他這個旅程很危險,勸他不要去,但保羅就是這樣固執的了,對嗎?你認識他嗎?我想你都明白,當保羅相信這個旅程是『父』向他啟示的心意,任何人都不能動搖改變他。他真的很能夠領會主

的話，洞悉主的心意；也能夠啟發我們，如何好好地作『那道的跟隨者』。那些希臘人特別喜歡他，因為他思考敏銳，但他們卻領會不到他的心意；有些猶太人不接受他講的道，認為太自由鬆懈了，對他非常不滿。所以他要去耶路撒冷跟他們會面，嘗試叫他們明白今天我們是活在『新約』的新日子中。他告訴我自從我的兒子耶穌從死裡復活後，我們便活在這新約的時代裡。我很愛聽他講道，無論多長，我也不會打盹啊！

我說到那裡了？噢，是了！保羅離開我們到耶路撒冷去了。在那時候，對我們大部份人來說，耶路撒冷是個很危險的地方，其實加利利也不見得很安全。自從我姊姊的孩子西庇太的兒子雅各被那暴君希律·亞基帕殺害後，我們的日子很艱苦。我姊姊撒羅米很難越過喪子之痛。這個可惡的希律，他和家族都不是好料子！讓我來向你申訴吧！我的兒子出生後，他的祖父派兵到伯利恆追殺我們…那些可憐的母親們，那些無辜慘遭殘殺的嬰孩們，實在太可怕了！大希律王的另一個兒子希律·安提帕，他殺了我表姊伊利莎伯的兒子約翰，他審問我的兒子後竟把他送到羅馬巡撫彼拉多那裡去。亞基帕把可憐的雅各斬首，之後不久他自己也一命嗚呼了；這個愚昧人，竟然自稱是神，難怪他難逃天譴！

噢！我又離題了，老人家就是這樣的了。自從他們把我親愛的兒子釘十字架的那一天…那可怕的一天起，西庇太的兒子約翰，雅各的兄弟，我的外甥，都一直照顧著我。雖然我兒子事先說過他要從死裡復活，我們所有人其實都不相信，直到事情真的發生後才相信。不久之前，為了我著想，約翰建議我離開加利利，搬到比較安全的地方去。在拿撒勒的人都認識我和我的兒子，他們有些人常常為難我。這裡的跟隨者和我在耶路撒冷的兒子雅各都認為我應該搬遷到外國較安全的地方住，好叫我過些安樂日子。

我的「繼子」約翰告訴我,在以弗所有一群跟隨我兒子的人,城中還有些猶太信徒,以前是伊利沙伯兒子的跟隨者,他們會關顧照應我。於是約翰便帶我離別了故鄉加利利來到這裡,他自己盡可能也留在這裡。他是個好孩子,他自稱是『耶穌所愛的那門徒』呢!我覺得很可笑,其實我的兒子愛他們所有人,甚至那個猶大!

我說到那裡去了?啊,是了!那可愛的年輕『大夫』路加斯,他跟保羅一起已經好一段時間了。那天他跟保羅一起來,別人介紹我認識他,談了許久。他好像那些新的『跟隨那道』的人,對我兒子的所言所行甚麼都要問;可能因為他是個醫生吧,甚至我第一胎懷孕的細節,他也要知道。那真是一件非常不尋常的事!於是,我便如數家珍地全盤告訴他,他還請我容許他寫錄下來。他說是為了那位新信徒提阿非羅,要把我兒子的生平按次序記錄下來。我想他既受人所託,那好吧!於是就把我的原本藏在記憶中的『歷年珍藏』都告訴他,他對於這些事情倒極感興趣呢!

路加斯告訴我,約翰·馬可最近寫了一本關於耶穌生平的記錄;由於他跟西門彼得一起有頗長日子,耳濡目染,讀起來像是西門的回憶錄!路加斯卻是尋根究底,詳細考察後才撰寫他的記錄。他有一卷馬可的新作,我請他留下一份抄本給我們這裡以弗所的人閱讀,他卻有點兒尷尬,原來他有的那抄卷,末端被撕掉了,欠缺了結局篇。他希望能找到馬可,請他加上失去的尾段,就是記載耶穌死後復活的那段,也是最精彩的結局篇。當然我們這班目擊證人都清楚知道這精彩的結局,沒相干啦!很感恩,他在這裡的時候,真的為我們製作了一份抄本留給我們,我們好好珍藏它,每逢我們這小群的信徒聚集吃飯和禱告的時候,都拿出來一起讀。

我清楚知道我是被特別揀選懷孕,而且胎兒是那位『聖者』

。路加斯特別想知道我是怎樣得悉自己要懷孕和天使怎樣來見我。我怎能忘記那一天的事啊！我那時是那麼年輕和天真，我剛剛才許配給約瑟，我們並沒有親近作那些事情呢！你自己去看路加斯的書卷吧，我不多說了。我也告訴他有關約翰出生的事呢！在以弗所有好些人是認識約翰的，他也有去跟他們交談。他搜集記錄這些事的功夫很了不起，很詳盡透徹，很著眼於細節，他是個醫生嘛！哎喲，我在馬槽產子的私事，他也要知道！那一晚真的很特別，絕非我能夠安排預料的。我母親知道後也很氣惱，說我不應跟約瑟這樣子地跑到老遠的伯利恆去，其實我們是沒有其他選擇的呢！那時正值人口普查，約瑟是大衛王的後裔，他的家族祖籍伯利恆。這些事情，我建議路加斯去找其他人交談，特別是那些在加利利的人，更能了解當年的情況。我再三囑託他在完成這本我兒子的記錄後，記得把一份抄本留給我們。

　　許多年前，馬太向我解述先知所說那些有關彌賽亞出生的預言，使我能夠很體會明白。我也常常覺得我們的父神從起頭就監察著整個過程，如果沒有這個信念，很難想像我怎可能捱得過來。根據馬太的解釋，我那次突然跑到埃及去也是在『父』的計劃中。很難想像，他這個稅吏竟然能夠洞悉那些預言如何全都應驗在耶穌降世這事件上。

　　馬太可能也快要撰寫耶穌生平的記錄，我想他會以猶太人的角度去看先知預言如何應驗。他很好記性，記得我兒子講的話和教訓。每次我閉上眼睛聽他敘述時，彷彿是耶穌在房子內親口講述一樣。我把我的感覺跟他分享，他笑著說他在講述時如有神助，是聖靈在提醒他。他是個會計師，對數字記得好清楚，他以前是個稅吏嘛，誰欠他多少，他都記得一清二楚呢！

路加斯跟保羅去了耶路撒冷一段時間後，我聽說我親愛的約翰也在寫耶穌生平的記錄。這真是時尚流行的作業啊，這麼多人要撰寫記錄！我明白，因為我們這些親身認識耶穌的人愈來愈少了。許多『跟隨那道』的新血，從來沒有親身遇見他，讓他們能閱讀到事件發生的真實記錄，很好啊！約翰說有關耶穌出生的事，路加斯已寫得很詳盡，他不重覆記錄了。他也問我其他事件的詳情，其實許多時候他自己都在場跟耶穌在一起，親眼看見，親耳聽到。

我有告訴你許多年前我們一起去迦拿參加婚筵，酒用光了那件事嗎？那時，我聽聞他們的酒都用光了，立即想到耶穌一定有辦法，便建議新娘父親的僕人去請教他，我的兒子卻好像有點不以為然。隨後發生的事情卻叫所有在場的人，包括我，都很震撼。約翰告訴我，他已將這件事寫在他的記錄中，他認為這是耶穌行的第一件神蹟，有重大意義。

約翰跟我常常談到我兒子，特別是他常稱呼主神為他的『父』。自我最初懷孕開始，我知道神以獨特的方式作他的『父』。我那時只是一個年輕女子，不太明白那些事情，但我相信天使告訴我的話，我也不知道是甚麼一回事，但我真的相信。他出生之後，那些衣衫襤褸的牧羊人來看他，說是天使差他們來的；然後還有那些奇裝異服的外國人，說是來自波斯或是別的地方，隨著那星指引遠道而來要看他。我忘記把這事告訴路加斯，所以我一定要讓馬太知道；這些人的到訪，叫約瑟和我都很驚訝，卻給我倆帶來極大的確定。

我難忘那天耶穌第一次稱呼神是他的『父』。我告訴了路加斯，他覺得很重要，便寫在他的記錄中。那時耶穌大概是十二歲，我們舉家去到耶路撒冷慶祝逾越節。

我們每年都去耶路撒冷過逾越節。那年，節期完了，在我們回家的時候，耶穌獨自留在耶路撒冷；我們卻沒留意到，還以為他在跟其他年輕人同行。走了一天路，是要搭營過夜的時候了，我們到親戚和同行的人那裡找他。約瑟說整天沒有見過他，我至今還有點責怪他竟然沒有好好看顧孩子。我們到處都找不到他，很擔心，想他一定是留在城中，於是決定返回耶路撒冷去找他。我們在夜深時分回到城中，不知從何著手，到處問我們認識的人，他們都沒有見過他，我憂心如焚。你明白嗎？只有約瑟和我才知道他的真正身份，他是何等特別，天使說他是神自己的兒子，我們受託去關懷養育他；現在，我們竟然失掉了他！

到處尋找了三天，我很沮喪難過，我們決定到聖殿去，約瑟說我們最好直接告訴主神發生了甚麼事。然後⋯我們不能相信自己的眼睛，他就在聖殿那裡，坐在那些教師中間邊聽、邊問！所有在場的人都希奇他的知識、明白和對答。他就在那裡跟他們一起，天曉得他這幾天在那裡睡覺，吃甚麼，喝甚麼！

當我們看到他，我們很驚訝，也如釋重負。我們身體和情緒都疲累極了，我們失掉了他差不多五天了，他只不過是個十二歲的小子！我們禁不住問他為何這麼待我們，父親和我好幾天都在找他，急得要死啦！

你想他怎麼回答我們？我永遠不會忘記他那句話！他反問：『為甚麼找我呢？』我來問問你吧！他是個十二歲的孩子！他失踪五天了！他可能被拐走了，被賣掉作奴隸，甚至被殺害了！這真是典型青少年人的回應啊！然後，他又說：『你們不知道我必須在我父的家裡嗎？』當時在場鴉雀無聲。我初時不能明白，我想當時在聖殿裡那些聰明通達的人會明白吧。他們都目瞪口呆，因為稱神

是他的『父』是褻瀆的話啊！他們瞪著他、約瑟和我，我們趕快抓住他的手說我們要回家了。他跟我們一起返回拿撒勒，他是個好孩子，從此以後留在家中跟我們一起。他是個好幫手，當約瑟去世後，他便是我和其他孩子們一家的支柱。此後，他再沒有提到神是他的『父』，但我知道，他也知道。對其他所有人，他樂意被稱為那木匠的兒子。直到他開始公開傳道，他才開始講說神是他的『父』。正因如此，給他在法利賽人和聖殿的人中惹來不少麻煩。這又是另外一個故事了。我卻把這些回憶珍藏在我的寶庫裡，安全地深藏於我的心底內。」

福音書裡的馬利亞，耶穌的母親

從馬太和路加記載耶穌出生的故事中，明顯地有許多關於馬利亞的個人資料。我們第一次遇到她是在加利利的拿撒勒，路加把她放置於主前一世紀的時段中。主後第二世紀寫成的《雅各福音》首次提及她的父母約雅敬和安妮，雖然正如許多這些非正典福音書，這不太可靠。

路加記載了羅馬皇亞古士督在居里紐作敘利亞巡撫時，下旨執行人口普查。馬太沒有提及人口普查，卻記載耶穌出生在大希律王在位時猶大的伯利恆。由此可以推算耶穌出生在主前四年大希律王去世之前。對於人口普查這事件，主後第一世紀猶太權威聖經學者約瑟夫（Josephus）主導引起了很大的爭論。他並沒有提及人口普查事件，他把在居里紐作敘利亞巡撫的時候定位在

主後六或七年。約瑟夫和路加誰對誰錯，見人見智。那些基本上存心懷疑福音書歷史的人很容易便假設約瑟夫是對。普遍來說，路加的歷史定位是非常準確，特別是《使徒行傳》記載中那些他親身參與的事件。就算你假設路加是弄錯了（而不是約瑟夫弄錯），他對寫作前大概五十年的政治掌權者的歷史定位，縱使他並非百分之百的準確，都不會有那麼大的差錯吧。

馬太特別指出馬利亞是耶穌的母親，依人看來約瑟是他的父親。兩位福音書作者都指出他倆是在宣告耶穌是從聖靈感孕之前訂婚的。兩位作者都寫明他倆在耶穌出生之前，並沒有成婚和進入正式的婚姻關係中。這些仔細記錄確定了耶穌出生時馬利亞是個童貞女。

根據第一世紀時的猶太人文化，馬利亞訂婚時還很年輕，可能只是十二歲，過了好些日子後才結婚。天使加伯列宣告她懷孕的時候，她還是個年青少女，這是一向普遍被接納的事實，也是當時正常的做法。對於現代思維的我們，卻可能有點難以接受。

馬太和路加兩位福音書作者都按照當時寫作的習慣來追溯耶穌的家譜。相信馬太是按約瑟的家系，路加則可能是按馬利亞的家系。有些人認為馬利亞跟伊利沙伯的關係是母系的關係，也認為馬利亞和她被許配的約瑟都是大衛家後裔，都是屬於猶大支派。在《路加福音》第三章耶穌的家系源於拿單，大衛和拔士巴的第三兒子，這其實是馬利亞的家譜。《馬太福音》第一章的家譜源於所羅門，是約瑟的家譜。這樣的家譜名單是當時文化的特色，福音書的作者可能是採用了這些名單。

路加敘述耶穌出生可能是在伯利恆的一個馬槽，因為當時客

店沒有房間。但我們只不過假設是個馬槽，因為那新生嬰孩被放在餵飼動物的槽裡。

出生後第八天，這嬰孩按照猶太律法受割禮，照天使吩咐給他起名叫耶穌。天使也在夢中同樣吩咐約瑟要給嬰兒起名叫耶穌。馬利亞繼續她產後三十天的潔淨禮，然後約瑟和她帶同她獻燔祭和贖罪祭用的祭品到聖殿去，給祭司為她贖罪和使她從她的血中得潔淨。他們向主獻呈耶穌。路加引用《出埃及記》的經文說：

「正如主的律法上所記：『凡頭生的男子必稱聖歸主。』」《路加福音》 2:23

西面和女先知亞拿說完預言後，約瑟和馬利亞便帶耶穌返加利利回到他們的家鄉拿撒勒去。

從這裡開始，《馬太福音》記載的事件的發生時間次序有點難以協調。他們可能留在伯利恆一段長時間，也許在某些時候返回到伯利恆。無論如何，他們留在那裡頗久。可能是在兩年後，馬太記錄「博士」來到耶穌和他的家人所在的「房子」。他們收下了禮物後，夢中被警告，就逃往埃及去一段時間，避過希律王因惶恐不安而下命屠殺所有伯利恆中兩歲以下男孩的災難。他們一家在主後四年希律去世後返回拿撒勒安定下來，重建他們的家園。

我們對馬利亞的近親家人認識很少，只有她的表姊伊利沙伯，施洗約翰的母親，還有她的姊姊撒羅米，耶穌被釘十字架時她也在場。《馬太福音》記載耶穌有弟弟和妹妹。

「這不是木匠的兒子嗎？他母親不是叫馬利亞嗎？他弟兄們不是叫雅各、約西、西門、猶大嗎？ 他妹

妹們不是都在我們這裡嗎?」《馬太福音》 13:55-56

在《馬可福音》的符類經文中，耶穌只被稱為木匠，而不是木匠的兒子。

主後四世紀《拉丁文通用聖經》的翻譯者耶柔米 (Jerome) 極端禁慾，非常反對婚姻。他首次用另外一個字來翻譯耶穌的弟弟妹妹，把他們翻譯成耶穌的表親。《拉丁文通用聖經》是聖經第一本拉丁文譯本，耶柔米在主後440年翻譯完成。耶柔米之前的神學家開始形容馬利亞是「永遠的童貞女」。耶柔米在他譯本就採用了這個稱號。自此之後，羅馬天主教的作家和神學家們便解釋耶穌這些親人是他的表親，而不是馬利亞的孩子，藉此維護馬利亞「永遠的童貞女」這信念。由此便伸展出馬利亞無罪的教義。這錯誤的信念背後的思維，是認為婚姻中夫妻生兒育女的性行為是不聖潔和罪的表現。非天主教的人卻認為不必要這樣推論。

馬利亞在福音書敘述中有好幾處中出現。路加記錄耶穌十二歲時在聖殿中的事件，約翰在迦拿婚筵中首次提到她，雖然沒有講出她的名字。在正典福音書中，只有這處記錄了馬利亞和成年的耶穌對話。在耶穌傳道工作中，她偶然出現。馬可在《馬可福音》3:31 提到耶穌的母親。

約翰第二次提到她的場景，只有在《約翰福音》記載。耶穌的母親站在十字架旁，和她一起的有那沒有提名的「耶穌所愛的那門徒」、革羅罷的妻子馬利亞和抹大拉的馬利亞。馬太加上「西庇太兒子的母親」，也就是《馬可福音》15:40 所提到的撒羅米。馬利亞在十字架旁的記錄引發了許多宗教藝術作品和雕塑，刻劃了馬利亞抱著她死去的兒子的身體這動人圖象。福音書並沒有這樣記載，

但卻普遍地見於許多宗教物品，經典之作就是在梵蒂岡聖彼得大教堂門內米開朗琪羅的雕塑《聖殤》Michaelangelo's Pieta。

五旬節後的馬利亞

在耶穌復活以後，雖然在耶穌升天後聚在一起的一百二十人中有特別提名耶穌的母親馬利亞和幾個婦女，我們知道有關她的事情卻不多。《使徒行傳》第二章記載這群人在五旬節那天聚集在一起，聖靈降臨在他們身上，推想她也跟其他所有人一起領受了聖靈的澆灌。

從此以後，耶穌的母親馬利亞就在歷史記錄中消失了，但卻是傳說和神話的焦點，後來更成為神學發展中極重要的人物。耶穌出生時她確實是個童貞女，她所懷的胎是永恆的道成了肉身，是完全是神和完全是人的神的兒子。在主後早期幾世紀教會神學家的思想和表達中，她的地位被大幅提升。今天，她受數百萬的羅馬天主教和東正教教會信眾尊崇。許多各式各樣的傳統把她提升到一個位置，我可以肯定她自己也意料不到。這些傳統並沒有聖經記載，但過去許多世紀卻為教會中許多人所篤信。我在想，她對此會有怎樣的看法和反應呢？

許多人已經就此有足夠的討論和激烈的爭議。我不打算在本書中辯論這個議題。

在《使徒行傳》第一章幾節經文中，我們可以略略推測她的境況。許多人普遍相信，她是《路加福音》有關耶穌出生的敘述的資料主要來源。很少的聖經學者會不認同路加那麼詳細的記錄只可以是來自馬利亞本人。他的敘述是那麼仔細和親切，活生

生地反映出這是目擊證人的分享。他記述的故事中，交織充滿了對婦女所扮演的角式的著意、聖靈的工作和他的醫學知識，這是《路加福音》的特色。

在十九世紀時，根據一位德國奧古士督修女的異象，在土耳其以弗所附近找到一所房子，相信是馬利亞所住過的房子。自此之後，許多羅馬天主教的朝聖者都去那裡，他們認為馬利亞被接升天之前一直住在那裡。天主教相信馬利亞不經死亡，身體被提到天堂去了，因為他們相信她無罪，不須要死亡。《約翰福音》記載馬利亞跟那位「耶穌所愛的門徒」同住。這位門徒就是第四卷福音書的作者約翰。愛任紐 (Irenaeus) 在第二世紀約主後177年的著作，和四世紀初的教會歷史家該撒利亞的優西比烏 (Eusebius)，都在他們的歷史文獻中記錄約翰後來去到以弗所。早期教會因此相信馬利亞也跟隨約翰遷到以弗所居住。

基督徒對馬利亞的尊崇源於第二世紀後期，遠早過主後431年的以弗所會議及其後有關馬利亞的教義條文。這個教會會議是在以弗所的一座教堂內舉行，在會議一百年前這教堂便以尊馬利亞而定名。這也許提供了我們一些連繫馬利亞和以弗所的綫索。

全能神耶和華有一位兒子

事實上，馬利亞是有關於耶穌獨一無二的資料來源。如果不是她肯跟路加分享的話，我們便得不到這些重要和珍貴的體會。真的，她是第一個人聽到耶穌是神的兒子。透過她的口述，我們聽到那令人震驚的首次公佈：耶穌稱主全能神為「我的父」。

耶穌清楚明白他來到我們的世上的目的和心意，是要帶我們

回到與父的關係裡。一直以來，三一神的心意是要有兒女來分享祂們的愛和喜樂。保羅寫出他得到在這方面的啟示。

> 「就如神從創立世界以前，在基督裡揀選了我們，使我們在他面前成為聖潔，無有瑕疵；又因愛我們，就按著自己的意旨所喜悅的，預定我們藉著耶穌基督得兒子的名分」《以弗所書》1:4-5

彼得也明白耶穌為何要來。他在他的前書中說耶穌是在創世以前被揀選，在這末後的日子為了我們顯現出來。《彼得前書》1:20

在地中海東邊的以色列地，猶太人的世界中，耶穌來，要顯明「父」。在這個普通的世界中，透過跟普通人互動和交談，他顯明「父」。

馬利亞，這位年僅十多歲的猶太少女，得到啟示知道她所懷的胎是永生神的兒子。天使加伯列向她首次宣告的那震撼人的啟示，說：

> 「你要懷孕生子，可以給他起名叫耶穌。他要為大，稱為至高者的兒子；主神要把他祖大衛的位給他。他要作雅各家的王，直到永遠；他的國也沒有窮盡。」《路加福音》1:31-33

對她而言，這宣告非同小可。還是處女的她將要懷孕，她要產下一個兒子，他的名字叫耶穌。這三件要發生的事，每一件事都是難以想像。沒有父親參與的受孕是駭人聽聞的；天使告訴她孩子的性別，那時沒有人能在生產前預知孩子的性別；然後，又告訴他孩子的名字。

天使下一句話是改變歷史的。「他要為大，被稱為至高者的兒子」。這不是詩詞歌賦的說話，而是大膽直言的宣告，耶穌是神的兒子。從來沒有人那麼清楚了當的聽到至高神有一個兒子！馬利亞是第一個知道這事的人。這真是何等重要，難以想像的啟示。父神選擇不把這樣重大的事向那些有知識的學者或先知啟示，但卻向剛剛渡過童年的年輕少女啟示。祂揀選世人看為軟弱的，叫那些聰明通達的人羞愧。

　　天使又宣告說，這少女的孩子要承受他先祖以色列最偉大的君王大衛的王位，不是暫時的，卻是永恆國度的王位。

　　這啟示的內容是何等動人心弦，給馬利亞留下的深刻的印象，叫她終生不忘，許多年後又能夠轉告路加。但是當下的她所關注的是一些非常的實際問題。

「馬利亞對天使說：『我沒有出嫁，怎麼有這事呢？』」《路加福音》1:34

　　接下來是三一神一起作成那最偉大的神蹟，耶穌道成了肉身最美妙的描述。

「天使回答說：『聖靈要臨到你身上，至高者的能力要蔭庇你，因此所要生的聖者必稱為神的兒子。』」《路加福音》1:35

　　三一神三位一齊參與這即將發生的神蹟。何等的美麗、壯觀、溫柔、大能、動力、宏偉、溫和都滙集於此刻中。

　　同樣令人驚訝的是這年輕女子的謙卑和自願回應的心。馬利

亞那從心底深處發出那願意的心和回應展示出她那信任和敞開的心懷，她真配得我們的尊崇和仰慕。

「我是主的使女，情願照你的話成就在我身上。」《路加福音》1:38

英皇詹姆士譯本美麗地這樣寫出這句話：

「看哪，主的使女在此，按你的話，讓這些臨到我吧。」

耶穌知道神是他的父

透過馬利亞的眼睛和耳朵，再轉報給路加，我們閱讀到耶穌生平從他出生到三十歲受浸期間的唯一記錄。

這就是耶穌十二歲時被留下在聖殿中故事，記載在《路加福音》2:41-52。這故事突出之處是耶穌當時所講的話，也是我們第一次接收到耶穌親口說的話，在他人生三十年來第一次我們聽到他講的話。這個故事是出於馬利亞的寶庫來的。

當他父母質問他時，他簡單地說：

「『你們不知道我必須在我父的家裡嗎？』」《路加福音》2:49《聖經新譯本》

較古舊的《英皇詹姆士譯本》（《新標點和合本》也是）寫著「耶穌說：『豈不知我應當以我父的事為念嗎？』」我曾聽說有人用這句經文去禁止人玩紙牌遊戲! 耶穌究竟在說甚麼呢？是「我父的家」還是「我父的事」呢？這裡有點分別。大多數聖經翻譯者都同

意, 在希臘原文中沒有用「家」這個字, 但是在這句話的文章脈絡中, 耶穌是在說我必須要「在」我父的…家裡。縱使我們接受用較古舊的譯本, 這裡要顯示的偉大真理是耶穌稱神為他的「父」。

在那時, 沒有人稱神為「父」。在舊約中, 有些地方神被稱為「父」, 例如神透過先知耶利米表達祂的渴望和心意:

「你們必稱我為父」《耶利米書》3:19

神有一位兒子這個意念在《詩篇》2:7 可找到它的雛形和先知性的預言。詩篇中君王被形容是神的兒子, 耶和華是他的「父」。

但是在耶穌的時候, 沒有人稱神為「父」的, 沒有人這樣去看神。耶和華是那不能發聲說出來的神聖名字, 於是用「主」（Adonai）這稱呼代替。因為神的名字太聖潔了, 卑微的人類不能用口說出來。耶路撒冷耶和華的聖殿被視為那不能親近和那叫人驚懼的全能神居住的地方。在耶路撒冷那宏偉的聖殿是那暴君大希律王花了四十六年建成的, 它卻就是耶和華的聖殿。它的建築包括了一個外院, 耶穌的父母可能就是在那裡找到他。它被稱為「女子的院」, 馬利亞只准走到這裡, 不得再進入內院。再進入去就是「男子的院」, 只有猶太成年男子才能進入。只有祭司才能再向內走。內院聖所內端是「至聖所」, 裡面藏有約櫃。這個地方, 只有大祭司每年在贖罪日才可以進去為百姓的罪獻祭。這處是個最令人驚懼的地方。如果祭司死在那裡, 或是因為觸犯了律法而被神擊倒了, 有一根繩子綁在祭司的腳上, 人可以把他從那幅大大的隔離幔子後面那聖潔之地中拉出來。

這位神並不是任何人會稱為「父」, 那般友善的神。當時那個十二歲的小子, 他的智慧和知識超越他同年齡的人常有的, 跑進到

全能神宏偉的聖殿的外院裡。在那些智慧的人和律法師中間,這小子的答問叫他們驚訝不已。這小子是拿撒勒來的婦人馬利亞和她丈夫約瑟的孩子,他們花了三幾天到處找尋他。這小子說「這是我『父』的家,是我『父』的地方,我要以我『父』的事為念。」無論你怎樣看去,這小子口中說出的話是何等令人震驚,何等驚天動地,何等改變世界!全能神、耶和華、El Shaddai、萬軍之主、宇宙的創造者、Adonai、主神,是他的「父」!

耶穌當時雖然身體和心思發育只不過是個十二歲的小子,但他卻也是亙古常存、非被造神的兒子、完全是人、完全是神。他知道自己是誰,也知道他真正的「父」是誰。「父」透過祂兒子的口啟示祂自己的這句開場白,是何等難以想像!這個啟示不是透過聰明通達的人,卻是透過一個小孩子,那位十二歲大的耶穌。

難怪他們都不明白他所講的話。

馬利亞聽到這番話,她起初也許不明白,但她卻把它珍藏在心中。耶穌復活之後,馬利亞和其他的人才明白耶穌作為神兒子更豐富的含義。在馬可或是路加開始記錄耶穌生平之前,保羅寫了他的第一封書信,這也許是基督教文獻的第一部著作,他對加拉太的基督徒說:

「及至時候滿足,神就差遣他的兒子,為女子所生,且生在律法以下,要把律法以下的人贖出來,叫我們得着兒子的名分。你們既為兒子,神就差他兒子的靈進入你們的心,呼叫:『阿爸!父!』」《加拉太書》4:4-6

今天我們也可以跟耶穌一樣,稱神是「我的父」。到十八年後,我們才收到第二個故事。

第二位講故事的人

施洗約翰

「別人常常會覺得我有點標奇立異。現在我身在牢獄,都是拜那蛇蠍心腸的希律王安提帕所賜,他沒有道德勇氣去處理自己的家醜,我卻因為按真理直言,得罪了他的妻子。在坐牢的日子,我倒有空去反思,好好反省回顧我的一生,主神在我身上的作為,也怎樣透過我成就祂的命定。

我自己常常覺得有點與眾不同,可能是跟我的出生和成長有關吧!我父母年紀老邁才生我,其實我能夠出生真的是個奇蹟。我母親伊利莎伯是不育的,所以他們一直都沒有孩子,別人還以為是因為他們犯了罪被神懲罰,但是他們兩人都是無可指責,遵守主的誡命典章,在神眼中都是個義人。那時他們都很老了,我父親撒迦利亞是亞比雅班裡的祭司。

有一次,是他所屬的班當值,他被選中要進主殿燒香。他告訴我,正當他要燒香的時候,有一個天使向他顯現,站在香壇的右邊,他很害怕。天使對他說:『撒迦利亞,不要害怕,因為你的祈禱已經被聽見了。你的妻子伊利莎伯要給你生一個兒子,你

要給他起名叫約翰。 你必歡喜快樂;有許多人因他出世,也必喜樂。 他在主面前將要為大,淡酒濃酒都不喝,從母腹裡就被聖靈充滿了。 他要使許多以色列人回轉,歸於他們的主神。 他必有以利亞的心志能力,行在主的前面,叫為父的心轉向兒女,叫悖逆的人轉從義人的智慧,又為主預備合用的百姓。』我父親把這番話不厭其煩地重複告訴我,要我好好緊記,他還不時會舊事重提。我父親又問天使:『我已經老了,妻子也年紀老邁了,怎可以肯定這事呢?』天使加百列說:『我是站在神面前的加百列,是被差遣來報給你這個好消息。但因為你不相信這些話,必啞巴不能說話,直到這事成就的那天。』

在殿外的人都不知道為何他在殿中好久,他出來後,竟然不能說話,只能打手勢,一定是看見了異象。直到我出生那天,他啞了。

過了些日子,我母親真的懷孕了!幾個月後,她那年輕的表妹馬利亞從拿撒勒來探望她,馬利亞許配了給那木匠,雅各的兒子約瑟,她也懷了孕呢!她同樣有天使探訪她,她的懷孕也像我母親一樣是超自然的。母親告訴我,當馬利亞一踏進我們家中,我便在她腹中跳躍,她被聖靈充滿,便祝福馬利亞,相信主應許她的必要成就,她真能洞悉到主神正在我們家族中作的大事。

我出生那天是個非常歡樂的日子,親友鄰居們都聽到主怎樣恩待我母親。到了第八天,他們為我行了割禮,要以我父親撒迦利亞的名字為我起名。我母親卻說我要叫約翰,但我家族中沒有這個名字,他們便用手勢問我父親的意見。他叫他們拿一塊石板來,就寫上我的名字『約翰』,他們都十分驚訝!隨著,他竟然說起話來,鄰舍都很懼怕。這些事很快便傳遍了整個猶大的山區,聽到的人都談論我會長大成為一個怎樣的人。他們知道主的手在我生命中,

難怪他們都常常用奇異的眼光來看我。這次跟聖靈的相遇，對我父母影響深遠，他們教導我要對聖靈敏銳，學習聆聽祂的聲音。

當我年幼時，我們跟表姨保持聯絡。她的嬰兒在離我們不遠的伯利恆出生，我們都是一家人，時不時都有見面，她們兩個婦人真的心有靈犀。我表弟的名字是約瑟的兒子耶書亞，所有人都稱他耶穌。我很喜歡他，他只比我年少幾個月，我們也好像心有靈犀，這些年來我們都盡量保持聯絡。我們都長大了，我感覺到我們是被結連在一個偉大的命定中。

我愛我的父母，我還年輕時他們便去世了，我非常難過。他們預先安排好朋友們照顧我，最後我跟死海附近的一個社群在一起，我父親很尊敬和信任他們。他們對聖靈開放，對於主的作為有深入的洞悉，父親相信他們會在主的道上繼續培育和鍛練我。

我愛死海周邊的曠野，許多時候我都獨自在那裡，開始經歷到主同在那奇妙的感受。從起初，這個社群的人就覺得我有點特別，花那麼多時間在曠野，知道在哪裡有最好的野蜜，還常常帶這美食回來分享，我在他們中間很受歡迎呢！我自認是有點古怪，我有一次在曠野裡遇上那些住帳篷遊牧的貝都因人，跟他們同住了好幾個月。我的衣服舊得破爛了，便開始穿起他們用駱駝毛造的衣服，穿起來也挺舒服，很適合曠野的環境，但是那些猶太的尊貴人士就看得不太順眼了。我還發現了一樣曠野美食，就是『香脆蝗蟲』，太可口了！我愛吃這美點，如今想起來還猶有餘味呢！野蜜餞蝗蟲是我至愛的小吃，但在猶太人眼中卻是不潔之物！

年紀愈大，我愈來愈領會到我生命的呼召和主神給予我的命定。隨著這個意念，多年以來我一直留心探索；曠野社群的經

卷和教導我都讀過了，開始覺得主神在直接向我說話。我的確是受了這社群的影響，但我的領受卻是直接從神而來的。我開始看到祂在呼召我去傳道，深深感受到我要宣講的是為將要來比我更大的那位預備道路。

大約三十歲左右的時候，我從曠野出來，開始宣講要藉著受洗悔改，使罪得赦免。幾乎整個猶太郊區和耶路撒冷所有的人都來聽這個訊息，他們認罪，我便在約但河為他們施洗。

我開始察覺到有一位比我更大的要在我之後出現，連俯就跟他解鞋帶我也不配。我宣講和用水施洗，但要來的那位要像火般用聖靈施洗，我愈來愈感覺到他很快就要來到。

有一天，有一班人從耶路撒冷來質問我，這些祭司和利未人被差來問我是誰，我坦然直說，清楚表明我不是那位彌賽亞；他們又問我是否以利亞或是那位先知，我當然不是! 最後他們要求我給一個答案，好讓他們回去交差。

我就引用以賽亞的話回答他們，我是在曠野呼喊，修直主道路的那人。這個回答，他們似乎頗滿意。

有一個晚上，我強烈地感覺主在向我說話，告訴我那位被揀選的快要顯現了。他是那被犧牲的羔羊，要除去世人的罪，我看見他時必認得他，我要看見聖靈降下停留在他身上，這就是記號了，他要藉著聖靈施洗。

第二天，我如常地出去施洗，一大群人從各地來到，甚至有從加利利來的。我看到我的表弟耶穌，從加利利下來到約但河要受洗，我試圖阻止他，我才要受他的洗呢! 他不是那些要悔改受洗的

人, 但耶穌卻堅持要盡諸般的義, 我就只好同意吧!

受洗之後, 耶穌從水中走出來, 即時我看見天開了, 聖靈彷彿像鴿子降下停在他身上, 然後我聽見從天上有聲音說:『這是我的愛子, 我所喜悅的。』

我忽然明白了! 我知道他是誰, 他來要作甚麼事! 又一天, 我看見耶穌迎著我走來, 我便告訴我周圍的人他是神的羔羊, 要除去世人的罪, 他就是我說過那位在我以後來卻超越我的那位, 因為他在我以先。我以前不如此認識他, 我用水施洗的工作就是要向『以色列』揭示他。我告訴跟我一起的人, 我看見聖靈像鴿子從天降下停留在他身上, 那位差我去施洗的叫我留意這個記號。如今我認識他了, 我親眼看見了, 我要見證他就是那位神所揀選的聖者。

又一天, 我跟我兩個門徒又去到那地方, 他們是從加利利來的年輕人安得烈和他的朋友腓力。我看到耶穌經過, 就對他們說:『看哪! 神的羔羊!』他們便跟從了耶穌, 耶穌也開始他的傳道的工作。

我繼續為人施洗, 我有些門徒跟別人就潔淨禮儀起了爭論。他們來找我, 又問我有關耶穌的事, 因為那時有許多人去了他那裡聽他的教訓。我便告訴他們, 人單要接受那從天上賜下來的, 我曾說過我不是那彌賽亞, 只不過是他的先頭部隊。新娘是屬於新郎的, 那等待新郎來臨的人聽見新郎的聲音就歡喜快樂, 我如今歡喜快樂, 大功告成了! 他必興旺, 我必衰微。

我深深知道, 耶穌是那從天上來的, 他在萬有之上; 我是從地來的, 是屬地的, 所講的也是從地而來。他見證他所看見、所聽見的, 卻沒有人接受他的見證。神差來的, 神無限量地賜給他

聖靈,他要宣講神的話。我也深深知道,『父』愛祂的兒子,把一切都交在他手中,凡信子的有永生,不信子的,沒有永生,仍在神的震怒之下。我深深知道,耶穌就是神的兒子。

不久之後,我便被捉拿了,被囚禁在這牢獄中。」

約翰故事的結局篇
按照約翰·馬可的記錄

希律下令捉拿了約翰,把他綑鎖,放在牢獄中。他這樣作是因為他妻子希羅底的緣故,希羅底本來是他兄弟腓力的妻子,約翰因此曾經對希律說:「你娶你兄弟的妻子是不合理的。」

希羅底便對約翰懷恨於心,想要殺死他;但希律聽聞約翰的事,猶疑不決;他喜歡聽約翰講的話,知道約翰是個義人和聖人,所以敬畏他,想保護他,希羅底故此不能得逞。但機會終於來了!希律生日那天,大排筵席,邀請他的大臣、千夫長和加利利的首領參加慶祝大會。希羅底的女兒在席上跳舞,叫希律和嘉賓都興高采烈。王對女子說:「你願意向我求甚麼,我必給你。」他又起誓應許說:「隨你向我求甚麼,就是我國的一半,我也必給你!」

她便出去問她母親:「我要求甚麼?」她母親回答:「要施洗約翰的人頭!」女子就急忙去到王面前請求說:「現在就向王要施洗約翰的人頭,放在盤子上給我。」王很憂愁為難,但因為他所起的

誓和席上的嘉賓，他不願推卻她，於是下令叫劊子手去拿約翰的頭來。劊子手就去到監獄中將約翰斬首，把頭放在盤子上，帶來給女子，她就去交給她母親。

約翰的門徒聽見了，就來把他的屍體領去，安葬在墳墓裡。《馬可福音》6:14-29

施洗約翰
一個主要的歷史見證人

請恕我戲劇性地把施洗約翰的故事和他在耶穌出來傳道不久被處死的一段寫在上面。施洗約翰為耶穌的事工作事前預備，是一個關鍵性的人物。四卷福音書作者都有提到他和記述他為耶穌的來臨預備道路。他同時期的人稱他為「那施洗者」，猶太歷史家約瑟夫在他第一世紀後期的著作中特別提到他。

約瑟夫在他的《猶太古史記》中記載：

> 「那稱為施洗者的約翰，(117) 他被希律殺害，是個義人，呼籲猶太人實踐德行，對人以公義相處，對神要虔敬，要受洗得蒙悅納，不是為了除去某些罪行，乃是藉身體得洗淨表明憑公義心靈已完全蒙潔淨。」《猶太古史記》18·5·2

在《路加福音》7:28, 耶穌宣告凡從婦人所生的，沒有一個大過約翰的。約翰的影響力並沒有隨他的去世而停止，幾十年後還有他的追隨者存在。在《使徒行傳》十九章中，福音書和《使徒行傳》的作者路加記載到使徒保羅在以弗所遇到一班施洗約翰

的追隨者。

在《路加福音》1:36, 天使對耶穌的母親馬利亞的宣告中提到她的親戚伊利莎伯，這兩個婦女在同時期懷孕。在《路加福音》1:41, 這兩個婦女見面時, 伊利莎伯被聖靈充滿, 胎兒在她腹中跳躍。天使加百列曾經向施洗約翰的父親撒加利亞預告, 他的孩子要神蹟地出生, 將來要作先知的工作。對那不育的伊利莎伯, 這個消息正是神聽她的禱告, 成全了她的心願, 叫她滿心歡喜快樂。她的兒子約翰將來要被神所按立去傳遞神的訊息, 宣告那彌賽亞的來臨。

在他父母去世後, 約翰似乎大部分時間都在耶路撒冷以東死海旁的曠野山區中長大, 有些人相信約翰是在那裡愛辛尼人（Essenes）的社群中長大。

我們對於愛辛尼人近年來的認識, 是透過在那地方發現的一大批被稱為《死海古卷》的宗教文獻, 雖然沒有證據肯定是出自愛辛尼人手筆, 但普遍被相信是愛辛尼人的藏書。這些古卷包括好幾本保存得很好的舊約聖經抄本, 源於主前三百多年, 在主後1946年才被發現。此外, 還有許多其他的書卷, 對耶穌時期的生活方式和背景提供了寶貴的資料。

最早提到愛辛尼人的是羅馬作家老普林尼（Pliny the Elder）（終於主後79年）。根據他簡單的描述, 他們是住在死海岸邊的隱基底（Ein Gedi）的社群, 不結婚, 沒有錢財, 在那裡已經住了好幾個世代。

後來, 約瑟夫在《猶太戰史》(約主後75年) 對愛辛尼人有詳盡的記載, 在《猶太古史記》有較簡短的介紹。他自稱有一手資料,

把愛辛尼派跟法利賽人和撒都該人並列為猶太人的三大教派，他們督行敬虔和獨身，沒有個人財產和金錢，相信社群公有制，嚴守安息日。他們還有每天早上在水中浸洗的禮儀，禱告後一起用膳，以愛心施慈惠，禁止發怒，研讀長老的著作和嚴守秘密。他們似乎強調天使的工作，把天使的名字記載在他們的文獻中。

根據這些資料，許多學者認為約翰有好一段日子是跟愛辛尼人在一起，甚至可能是這社群的成員。這只不過是推想，但這些資料也許叫我們能夠更體會他的人生背景和事工的特色，例如浸禮和天使加百列的出現和介入對他的特殊意義。

施洗約翰的事奉人生中，他很能掌握到耶穌在約旦河受洗事件所顯明的真理，確實認識耶穌的身份和本性。他忠於使命，面對希律王也不退縮，勇敢地挑戰他要為罪悔改。大約在主後29年，大希律的兒子希律安提帕把他捉拿下監，後來被希律那不合法的妻子，他兄弟腓力的前妻希羅底的毒計所害，慘遭斬首，身首異處而終。

約瑟夫在《猶太古史記》中這樣描述約翰人生的結局篇：

「此時，許多群眾聽了他（施洗約翰）的話很受感動，希律害怕他，因為他對民眾很有影響力（他說甚麼民眾似乎都會跟著去做），怕他帶動民眾叛亂，想要置他於死地以免日後給自己帶來麻煩，但又想免他一死，雖然為時已晚，或許他會帶自己悔改。(119) 猶豫不決之際，便把他囚在馬卡魯斯（我提過的那堡壘），後來在那裡將他處死。今天，猶太人認為這次遭軍隊滅城的災難是神對希律不滿，施行的懲罰。」《猶太古史記》18·5·2

施洗約翰挑戰民眾要預備彌賽亞的來臨，從罪惡中回轉過來，以受洗作表記。雖然他在猶太政治體系中沒有任何權位和影響力，但他所傳遞的訊息卻帶著權柄和能力，民眾不能抗拒從他口中出來那震撼性的真理，數以百計的人一齊前來聆聽他的話和受洗。縱然有千萬人被他吸引，他卻持定不偏離自己的使命，引導人到基督那裡。

約翰和他有關「父」的啟示

約翰有關於神是「父」的啟示嗎？他確實了解耶穌作為神的兒子的關係嗎？這些問題難以解答。耶穌明顯知道約翰是為他的工作和啟示預備道路，開啟人心，是一個關鍵性人物。約翰被下監後，他差派門徒傳口訊給耶穌，問耶穌是否就是將要來的那位，抑或他還要等待另一位呢？耶穌稱他是凡女子所生中最偉大的。

耶穌醫治有疾病、受災患和被污鬼附著的人，也叫瞎眼的得看見，於是便回答那些差來的人，說：

> 「你們去，把所看見所聽見的事告訴約翰，就是瞎子看見，瘸子行走，長大痲瘋的潔淨，聾子聽見，死人復活，窮人有福音傳給他們。凡不因我跌倒的，就有福了！」《路加福音》7:18-23

約翰差來的人離去後，耶穌對眾人講論約翰，說：

> 「你們從前出去到曠野，是要看甚麼呢？要看風吹動的蘆葦嗎？你們出去，到底是要看甚麼？要看穿細軟衣服的人嗎？那穿華麗衣服、宴樂度日的人是在王宮

裡。 你們出去, 究竟是要看甚麼? 要看先知嗎? 我告
訴你們, 是的, 他比先知大多了。 經上 記着說:『我
要差遣我的使者在你前面預備道路』, 所說的就是這
個人。」《路加福音》 7:24-27

耶穌認識的約翰不單止是他的先頭部隊, 也是瑪拉基預言
的以利亞。

「看哪, 耶和華大而可畏之日未到以前, 我必差遣先知
以利亞到你們那裡去。 他必使父親的心轉向兒女,
兒女的心轉向父親, 免得我來咒詛遍地。」《瑪拉基
書》 4:5-6

約翰出生時, 他父親撒迦利亞聽到孩子出生的預告和先知性
啟示, 跟耶穌這裡說的內容一致。

「他必有以利亞的心志能力, 行在主的前面, 叫為父
的心轉向兒女, 叫悖逆的人轉從義人的智慧, 又為主
預備合用的百姓。」《路加福音》 1:17

約翰接收到神是「父」和耶穌是神的兒子這兩個不能分割的啟
示。我們在約翰生平故事中可以找到兩條線索: 第一, 耶穌是神的
羔羊; 第二, 在耶穌受洗時約翰聽到天上來的那番話。

「父」差祂的兒子作犧牲的羔羊

約翰從神得到特別的啟示, 知道耶穌的真正身份和命定。他
知道耶穌是神的羔羊, 被犧牲來除去世人的罪。在《約翰福音》

中，施洗約翰兩次宣稱耶穌是神的羔羊；使徒約翰在《啟示錄》中也常用「羔羊」的形象來代表耶穌。基督教主流的教導都以「神的羔羊」代表耶穌成為了那完全的祭牲，他不是舊約中那「被放逐的代罪羊」，不自知、不自願地去代替別人的罪受罰。按照十一世紀安瑟倫（Anslem）的教導，耶穌選擇在十字架上受苦，顯示祂是順命的兒子和神的僕人，完全順服他「父」的旨意。所以，「神的羔羊」是指逾越節的羊羔，這是基督教整體訊息的基礎。

「神的羔羊」常用於基督教的祈禱文中，《羔羊頌》Agnus Dei 常見於天主教彌撒的禱文和彌撒曲中。自中古以來，「神的羔羊」的圖象通常是一隻羔羊頭上有光環，前腿彎曲提起拿著一面白底紅十字架的旗幟。十八世紀摩拉維亞人（Moravians）也沿用了這個圖象。

十六世紀宗教改革家約翰·加爾文（John Calvin）認為「羔羊」是神的「代理人」成就了神的心意。耶穌在彼拉多和希律院中受審時可以為自己無罪而自辯，但他卻選擇不開口，順服「父」，走上十字架，因為他明白他作為「神的羔羊」的角色。《希伯來書》的作者形容耶穌自願走上十字架，說：

「他因那擺在前面的喜樂，就輕看羞辱，忍受了十字架的苦難，便坐在神寶座的右邊。」《希伯來書》12:2

那榮耀的福音帶來了好消息，神親自提供了贖罪的祭牲。《彼得前書》寫著：

「知道你們得贖，脫去你們祖宗所傳流虛妄的行為，不是憑着能壞的金銀等物，乃是憑着基督的寶血，如同無瑕疵、無玷污的羔羊之血。基督在創世以前

是預先被神知道的, 卻在這末世才為你們顯現。」《彼得前書》 1:18-20

這段經文跟著保羅在《以弗所書》一章的經文連貫起來, 寫出「父」在祂永恆計劃中, 在耶穌裡揀選了我們。

「就如神從創立世界以前, 在基督裡揀選了我們, 使我們在他面前成為聖潔, 無有瑕疵; 又因愛我們, 就按着自己的意旨所喜悅的, 預定我們藉着耶穌基督得兒子的名分, 使他榮耀的恩典得着稱讚; 這恩典是他在愛子裡所賜給我們的。 我們藉這愛子的血得蒙救贖, 過犯得以赦免, 乃是照他豐富的恩典。 這恩典是神用諸般智慧聰明, 充充足足賞給我們的。」《以弗所書》 1:4-8

「父」的心意是要救贖我們和把我們放在祂愛子裡面, 得榮耀的位分, 施洗約翰認識和確定耶穌是「神的羔羊」是揭示這心意的鑰匙。

「父」確認和肯定祂的兒子

約翰兩次宣告耶穌是「神的羔羊」, 第一次是對眾人說, 第二次是特別對他的兩個門徒說。耶穌受了約翰的洗後, 從約旦河水中站起來的那一刻, 天上傳來最美妙的聲音。主全能神打破歷世歷代以來的沉默, 祂說:

「這是我的愛子, 我所喜悅的。」

約翰見證說那差他去施洗的「父」預先告訴他:「『你看見聖靈降下來,住在誰的身上,誰就是用聖靈施洗的。』我看見了,就證明這是神所揀選的聖者。」約翰看見聖靈彷彿像鴿子降在耶穌身上,又聽到「父」說話,對他肯定了耶穌不單要用聖靈施洗,還是「神的羔羊」。

四卷福音書都有記載耶穌受洗的事蹟。《馬太福音》、《馬可福音》和《路加福音》三卷符類福音較突出詳盡,每段記錄都有「父」對子說的那句話,路加的版本比其他更有親密的感覺。

「眾百姓都受了洗,耶穌也受了洗。正禱告的時候,天就開了, 聖靈降臨在他身上,形狀彷彿鴿子;又有聲音從天上來,說:『你是我的愛子,我喜悅你。』」《路加福音》 3:21-22

在這版本中「父」是向耶穌個人說話,而非向眾人普遍地介紹耶穌,這句話給耶穌很大的個人鼓勵。「父」首先確定耶穌是祂的兒子,這是他的真正身份。然後「父」親口肯定對他的愛,這是「父」的愛與情無條件的表達,我們許多人可能從來沒有從肉身父親中得到這個表達。最後,「父」說出對他的喜悅,這不是在乎我們的活動、工作或成就,卻是基於我們是他兒子這事實。

耶穌受洗時「父」開聲宣告,約翰在此事之前和之後都宣稱耶穌是「神的羔羊」。那被稱為「拿撒勒木匠兒子」的耶穌,經過三十年來的等待,現在得到肯定了。在他心中,耶穌一直都知道自己是神的兒子,神是他真正的「父」,十八年前年輕的他在聖殿中已經說出了這個事實。現在,他公開傳道的工作即將開始,快要揭開隨後人生三年滄桑的一頁,「父」親口宣告耶穌是誰,他那從

亙古到未來永恆的身份。正當耶穌要開始他的偉大工作，要啟示「父」和為人類帶來救贖，「父」親口說出的這句話，洋溢出「父」心底的那份喜悅和雀躍。

「你是我的愛子，我喜悅你。」

第三位講故事的人

耶穌的弟弟雅各

「在許多方面,我想我比其他人更認識他。我跟他一起長大,當然啦,他是我的哥哥,我以他為榜樣。他是最好的哥哥,父親去世以後,他差不多就是當家了。父親在世時,他是我們所住加利利拿撒勒村子裡的木匠。我們的家人和親戚大部分都住在加利利,除了約翰和他的家人,他們住在猶太地,我們很少機會相見,我們還很年輕的時候,約翰的父母撒迦利亞和伊利莎伯都去世了。

少年的耶穌跟村裡的孩子們不同。父親去世後,在許多方面,我深深地覺得他就好像我們的父親。我記得那一天,當時他大概三十歲吧。他跟母親和我們其他的家人說要離家了,我很震驚和氣惱。我們兄弟中,包括我、西門、約瑟和猶大,都不精於木工,要做也比不上他的功夫,他走後這家庭作業怎麼辦?他說離家是要到猶太地去聽表兄約翰講道。那時整個加利利都聽聞有位新先知出現,還稱他為以利亞,很興奮啊!有些人還想他是否那彌賽亞呢?這卻是危險的,因為許多人在期待彌賽亞要來救我們脫離羅馬人的統治。如今我氣惱他要離家南下去見約翰,其實是因為我也想

要去，但是總有人要留在家中照顧母親和其他家人嘛！

他去了很久，我們聽聞他受了約翰的洗。我有點驚奇，我聽說約翰是為那些要得赦免的罪人施洗，我從來沒想到我哥哥是這類人。老實說，在我記憶中他從來沒有做過任何可以算為罪的事呢！我們許久沒有他的消息，失了他的蹤跡已經一兩個月了，後來他才告訴我他獨自跑到猶大山區去了，在那裡受到嚴峻的挑戰，魔鬼在他生命各層面上試探攻擊他。我不明白他的意思，我倒知道一定不是神試探他，因為神是不會試探人的。起初我真摸不著頭腦。

過了一段日子，他回家了。他好像變了，但我卻說不出是甚麼變了，他看來似乎多了一分他從來沒有的嚴肅。他似乎在聚焦著一個新的方向，他明顯不是回來繼續作他的木匠，他似乎在等待甚麼似的。現在我知道了，他在等待要作神差他去作的事。他開始稱神為他的父親。他有幾個在猶太認識的新朋友，其中有些我也認識，就是那些從湖邊的伯賽大來的人，共有五個人，包括我的表親雅各和約翰。

過了不久，我們都被邀請到附近的迦拿去參加婚禮。這個盛會很熱鬧，也可以收聽到親戚家族的消息，伯賽大的表親都會去呢！母親特別想我們所有人都去，耶穌三天前剛回到加利利來。於是我們起程離家，短短的五哩路，我們一起走，我很享受這段同行的旅程。耶穌那些自稱是他門徒的新朋友也來參加，他們似乎把他搶佔了，不放我們家人在眼內！在婚筵進行中，跳舞慶祝，興高采烈，忽然，酒竟用完了！母親告訴耶穌，他們的酒用完了。他轉過身來，反問她為何勞煩他，說他的時候還未到。嘿，不知所謂！母親卻叫僕人要照他吩咐去做。在附近有六個石缸，是洗濯禮用的那種，每個一定有過一百公升的容量。很奇怪，耶穌竟然叫僕人

將石缸加滿水。那些僕人看來很困惑,但他說話的語氣好像有點不尋常,他們竟然照著去做,把缸加得滿滿。然後他叫他們從缸裡取些出來交給管筵席的人。我本想阻止他們,因為怎麼可以用水招待筵席的賓客呢!僕人照著做,管筵席的拿來嚐了一口。我透不過氣來,看他抹過嘴巴,吐了口氣,然後找新郎來,對他說:『人都是先擺上好酒,等客喝足了,才擺上次的,你倒把好酒留到如今!』

回想起來,現在我才明白耶穌在加利利迦拿所作的,是他作的第一件神蹟奇事,藉此揭示他自己。他的門徒在這事以後都信他了,但我卻不那麼肯定。那時我很困惑,他是我的哥哥,我有生以來就認識他,這一切來得太突然了。這事以後,我們一起下到迦伯農去,包括我們的母親,我們其餘的家人和他的門徒,花了幾天在那裡。他開始公開講道教訓人,很快眾人都在談論他。他說話帶著很大權柄和能力,好像神的靈親自在他身上。關於他的消息,傳遍了整個地區,初時他在會堂裡教訓人,各人都讚賞他。

然後,他返回拿撒勒家中,如常每週在安息日進會堂。我們男子聚在一起,母親和女子都一起在帳幕後面,男女分開。當拉比邀請他頌讀書卷時,我也在他身旁。耶穌站起來,拉比把先知以賽亞的書卷遞給他,他打開找到一處寫著說:

『主的靈在我身上, 因為他用膏膏我, 叫我傳福音給貧窮的人; 差遣我報告: 被擄的得釋放, 瞎眼的得看見, 叫那受壓制的得自由, 報告神悅納人的禧年。』

他大聲向著各人頌讀出來,然後把書卷卷起來,交給管會堂的人,就坐下來。會堂裡的人都定睛望著他,他就向我們眾人說:『今天這經應驗在你們耳中了。』

初時，我想我們並不真的聽得懂他的話，只是感覺到他語重心長，講得很有權柄。在場起了一陣子竊竊私語，都認同他，他的話很特別，裡面含著一絲絲恩典的味道。我聽到有人說：『這不是約瑟的兒子嗎？』

然後，耶穌對眾人說：『你們必引這俗語向我說："醫生，你醫治自己吧！我們聽見你在迦百農所行的事，也當行在你自己家鄉裡。" 我實在告訴你們，沒有先知在自己家鄉被人悅納的。 我對你們說實話，當以利亞的時候，天閉塞了三年零六個月，遍地有大饑荒；那時，以色列中有許多寡婦，以利亞並沒有奉差往她們一個人那裡去，只奉差往西頓的撒勒法一個寡婦那裡去。 先知以利沙的時候，以色列中有許多長大痲瘋的，但內中除了敘利亞國的乃縵，沒有一個得潔淨的。』

忽然，現場氣氛改變了，會堂裡的人聽到這話就怒氣填胸。他們都氣憤地彼此互問，耶穌從那裡有這些智慧和神蹟大能呢？他們知道我們父親是那木匠，母親是馬利亞。他們轉眼瞪著我和弟弟約瑟、西門和猶大，然後還指著我們的妹妹們。場面變得很兇，我真希望在我腳下有個洞讓我們可以躲藏起來。然後他們站起來，把他趕出會堂和城外，拿他到了城所造在其上的山崖，要把他推下去。他們都是我們的鄰居和朋友嘛！我們真不明白他們為何變得那麼兇，只想趕快去到他身邊救他，但是他們卻把我們都推撞得一拐一跌；他們還控訴他褻瀆神，我想他這次是死定的了。他卻從他們中間直行過去，離城去了。

從此以後，他極少回家。我們聽到有關他的謠言和他所作的事，醫治人等等。那時，很慚愧，我並不相信這些事。有一次，我們下到迦伯農去找他，想要帶他回家，我們都很擔心他。母親卻相

信這些事，堅持要跟著去。她相信他，說他很獨特，在出生以先便知道他是與眾不同。每次當談到這事的時候，她都神神秘秘的，好像知道甚麼無人知曉的天大秘密。

我們找到他了，但因為人太多不能靠近他，便傳口訊到他所在的房子裡。有人通知他我們在外面想要見他，他竟向我們回覆說凡聽神的道又行出來的人就是他的母親和兄弟！我感到被冒犯，很憤怒。我們來只不過想見他一面，好好交談，也許可勸他回家不要再作這些公開的東西。母親叫我冷靜下來先回家去。我感到很難受，不想再聽到他的聲音，我還是走自己的路，過自己的生活好了，我才不要做你甚麼名人顯達的弟弟！

此後，耶穌在加利利地到處走，他不想到猶太去，因為那裡猶太人的領袖們在找方法要殺害他。我也不喜歡他講的東西和被人擁戴。住棚節近了，我們眾兄弟決定要去耶路撒冷，就譏諷他說：『你離開加利利上猶太去吧，叫你的門徒也看見你所行的事。人要顯揚名聲，沒有在暗處行事的；既然你在加利利行這些事，就當將自己顯明給世人看。』很可悲，那時連他自己的弟弟都不信他。這可算是我跟他兄弟關係的低谷，我不知道當時為甚麼可以對他說出這樣的話，也許我當時仍在惱他待我們的氣，也有點嫉妒吧！

耶穌只是看著我們，說他的時候還未到，我們想要去便自己去吧！跟著他又說：『世人不是恨你們，卻是恨我，因為我指證他們所做的事是惡的。你們上去過節吧，我現在不上去過這節，因為我的時候還沒有滿。』他說了這話，仍舊留在加利利。但我們去了過節之後，卻發現他也去了，不是公開地去，卻是暗暗地去，他這樣做也令我氣惱。在節期中，猶太人的領袖們到處尋找他，問人有沒有見過他。眾人私下對他議論紛紜，有人說他是個好人，又有

人說他是個騙子, 但卻沒有人敢公開談論他, 因為怕他們的領袖。

我想你都知道兩年後在耶路撒冷發生那可怕的事吧! 我當時不在那裡。母親跟其他的人都進到城去, 我沒有去, 留在拿撒勒。那時, 我遇到許多在加利利曾被他醫治好的人, 他們證據確鑿, 叫人難以推諉。我發現原來我看錯了他, 我想去見他, 親自跟他說話, 請求他寬恕我對他充滿嫉妒和憤怒, 不相信他。我打算逾越節過後, 便立刻進城裡找他向他傾訴。

然而, 消息傳到拿撒勒來了。他被捉拿、審問、定罪了; 他被釘十字架, 不是被人用石頭打死; 我一向都在想如果他不小心, 有一天會被人用石頭打死呢! 不是啊! 他被釘死在羅馬人的十字架上。母親在場, 我卻不在場; 我沒有在他身邊, 也沒有在場接替他照顧母親。我急忙掉下一切, 趕著去耶路撒冷找母親。我到了城裡, 找到母親和他的門徒, 他們都聚在朋友的房子裡。當我走進房子內, 我期待要走進他們的哀傷、眼淚和悲痛中; 始料不到, 那房子竟然充滿著喜樂、歡笑、和興奮的談話。難道這個世界都瘋了嗎? 他們告訴我, 他從死裡復活了! 我啞口無言, 不知道要說甚麼才好! 他們說他真的是死了, 被放在墳墓裡整整三天; 然後, 幾天前明明地、活生生的出現在那房子裡。我的腦袋應付不來了, 就跑到外面去, 跑到他上週被埋葬的園子那裡去; 墳墓空空的在那裡。我跑回城去, 經過那行刑的地方, 他被釘的十字架還在, 滿了血跡, 是我哥哥所流的血遺留下來的痕跡。兩旁的十字架, 其中一個倒下了, 另一個還有個血跡斑斑的屍體掛在上面, 死亡的惡臭充滿了那地方。我的眼淚禁不住湧出來, 我滿臉淚水, 倒在地上, 痛哭。

我躺在那裡, 臉埋在濕透了的臂彎中, 我感到有手按在我肩膊上。我轉過身來, 迎面而來的陽光叫我看不到那人的面孔。然

後,我聽到他呼喚我的名字:『雅各!』是他!他真的復活了!」

《新約聖經》中的雅各

雅各在《新約聖經》中被個別提名。使徒保羅在《加拉太書》1:19中特別提到他是耶穌的兄弟,保羅成為基督徒後首次回到耶路撒冷跟他會面。保羅特別把他跟其他同名的人分別出來,例如西庇太的兒子使徒雅各。他的希伯來文名字是雅各夫,英語化後是雅各;希臘文是雅各布斯,拉丁文普遍稱之為詹姆士。

希格西普斯 (Hegesippus) 在二世紀時稱他為「公正的雅各」,其他人稱他「公義的雅各」,「從耶路撒冷來的雅各」,「主的兄弟雅各」 James Adelphtheos。羅馬的革利免 (Clement of Rome) 寫信給雅各時形容他是「主教們的主教,耶路撒冷、希伯來聖眾和各地眾聖徒的監督」。正如其他早期教會領袖,他的生平記錄很稀少和不太清徹。

福音書中有幾處提到他,有幾次包括在耶穌的家人中,只有間中提名指出他是耶穌的兄弟。

「耶穌的母親和他弟兄來了,因為人多,不得到他跟前。 有人告訴他說:『你母親和你弟兄站在外邊,要見你。』耶穌回答說:『聽了上帝之道而遵行的人就是我的母親,我的弟兄了。』」 《路加福音》 8:19-21 ,亦見於《馬太福音》12:46-50, 《馬可福音》3:31-35

當論到耶穌的身份是木匠的兒子時，雅各也在他兄弟姊妹的名單中。耶穌那次回到拿撒勒家鄉的故事，《路加福音》第四章有詳細的記載，《馬太福音》則有較簡短的記錄。

「來到自己的家鄉，在會堂裡教訓人，甚至他們都希奇，說：『這人從哪裡有這等智慧和異能呢？ 這不是木匠的兒子嗎？他母親不是叫馬利亞嗎？他弟兄們不是叫雅各、約瑟、西門、猶大嗎？ 他妹妹們不是都在我們這裡嗎？這人從哪裡有這一切的事呢？』 他們就厭棄他。耶穌對他們說：『大凡先知，除了本地本家之外，沒有不被人尊敬的。』」《馬太福音》 13:54-57

約翰在《約翰福音》中對耶穌的兄弟姊妹隨筆提過，但指出他們對耶穌的名氣有點不滿，耶穌也刻意向他們隱藏他是彌賽亞的秘密，他們不相信他是彌賽亞。

「耶穌的弟兄就對他說：『你離開這裡上猶太去吧，叫你的門徒也看見你所行的事。 人要顯揚名聲，沒有在暗處行事的；你如果行這些事，就當將自己顯明給世人看。』 因為連他的弟兄說這話，是因為不信他。」《約翰福音》 7:3-5

耶穌人生最後一週的記載中，沒有提到他的家人在耶路撒冷，除了馬利亞和她的姊姊撒羅米以外，其他的家人都不在十字架現場和復活的見證人名單中。

保羅在《哥林多前書》提到一位「雅各」，耶穌復活後曾向他顯現，普遍接受這是耶穌的兄弟雅各。保羅這封書信寫於福音書成書之前，所以是看見復活後的耶穌最早的證人名單。保羅的

名單中只有門徒彼得和雅各是被提名列出。

「我當日所領受又傳給你們的：第一，就是基督照聖經所說，為我們的罪死了，而且埋葬了；又照聖經所說，第三天復活了，並且顯給磯法看，然後顯給十二使徒看；後來一時顯給五百多弟兄看，其中一大半到如今還在，卻也有已經睡了的。以後顯給雅各看，再顯給眾使徒看，末了也顯給我看；我如同未到產期而生的人一般。」《哥林多前書》15:3-8

許多解經家認為這位雅各後來成為了耶路撒冷教會的領袖，就是保羅所提到那耶穌的兄弟雅各。耶穌在復活後向他的兄弟雅各顯現是一件重大的事。雅各在耶穌復活前不相信他，耶穌復活後向他顯現，給雅各的人生帶來突破。

耶穌復活後雅各的人生，資料主要來自《使徒行傳》和保羅的書信。教會傳統認為他是《雅各書》的作者，《使徒行傳》十五章耶路撒冷會議後的那封信也主要是出自他的手筆。

希格西普斯在他第五卷釋經書《雅各的著作》中說：「在使徒之後，主的兄弟雅各，尊稱「公正的」，被立為耶路撒冷教會的領袖。」

由於「馬利亞永遠童貞」教義的冒起，認為馬利亞不可能在耶穌之後有其他的兒女，四世紀時耶柔米翻譯《新約聖經》成拉丁文時面對怎樣翻譯主的「兄弟」這個難題。他認為「兄弟」一詞應該是「表親」，就這樣把主的兄弟譯作主的表親。

我們不知道雅各在何時被視為耶路撒冷教會的領袖。根據二

世紀非正典的《多馬福音》, 耶穌任命雅各作他的繼任人。「門徒對耶穌說:『我們知道你將要離開我們, 誰來作我們領袖呢?』耶穌對他們說:『無論你們在那裡, 你們要跟隨公正的雅各, 天地是為他而被造的。』」這是當時普遍被接納的看法, 雖然這些非正典福音的記載是不能確信的。

在《加拉太書》中, 保羅覆述他第一次去耶路撒冷跟雅各會面。在那時, 雅各已經被認同為高層的領導人。

> 「過了三年, 才上耶路撒冷去見磯法, 和他同住了十五天。 至於別的使徒, 除了主的兄弟雅各, 我都沒有看見。」《加拉太書》 1:18-19

《使徒行傳》十五章記載了使徒們首次嘗試解決如何融合外邦信徒進入當時剛開始建立的基督徒群體。許多有猶太背景的人堅持所有新信徒都要遵守猶太習俗和條例, 包括割禮, 在耶路撒冷造成很大的混亂, 並蔓延到安提阿和加拉太新建立的教會中。因此, 保羅和巴拿巴被差到耶路撒冷去陳明外邦信徒的情況和看法; 保羅和雅各在此又再相會了。根據保羅在《加拉太書》的覆述, 領袖們就這些非猶太新信徒帶來的挑戰作了很冗長的討論。保羅說:

> 「...那感動彼得, 叫他為受割禮之人作使徒的, 也感動我, 叫我為外邦人作使徒; 又知道所賜給我的恩典, 那稱為教會柱石的雅各、磯法、約翰, 就向我和巴拿巴用右手行相交之禮, 叫我們往外邦人那裡去, 他們往受割禮的人那裡去。」《加拉太書》2:7-9

在《使徒行傳》十五章的記載中, 耶穌的兄弟雅各看來擔任

了一個重要的角色,成為了議會的發言人。

> 「眾人都默默無聲,聽巴拿巴和保羅述說神藉他們在外邦人中所行的神蹟奇事。他們住了聲,雅各就說:『諸位弟兄,請聽我的話。方才西門述說神當初怎樣眷顧外邦人,從他們中間選取百姓歸於自己的名下。』」《使徒行傳》 15:12-14

> 「『所以據我的意見,不可難為那歸服神的外邦人;只要寫信,吩咐他們禁戒偶像的污穢和姦淫,並勒死的牲畜和血。』」《使徒行傳》 15:19-20

路加記載雅各以發言人的身份,權威地代表會議眾人對問題作出定案。

後來,那些「猶太教的人」還是在挑戰這決定,保羅在《加拉太書》中竭力抵擋。這封按會議決定而發出的信看來並沒有多大效力。

保羅回到安提阿後,這個問題顯然還未完全解決。彼得來到安提阿,跟外邦信徒一起用膳,但當那些可能是雅各差來的人來到時就裝假退縮了。

> 「從雅各那裡來的人未到以先,他和外邦人一同吃飯,及至他們來到,他因怕奉割禮的人,就退去與外邦人隔開了。其餘的猶太人也都隨着他裝假,甚至連巴拿巴也隨夥裝假。但我一看見他們行的不正,與福音的真理不合,就在眾人面前對磯法說:『你既是猶太人,若隨外邦人行事,不隨猶太人行事,怎麼還勉強外邦人隨

猶太人呢』」《加拉太書》 2:12-14

這些人是否得到雅各的鼓勵撐腰，很難說。無論如何，保羅的立場很堅定。這是早期教會面對的關鍵時刻，保羅所寫的《加拉太書》很可能是最早期的基督教文獻，主旨就是針對這個問題。書信中很詳盡地描述我們在基督裡蒙他救贖的事實，使我們被帶回作天父兒女的位份中。保羅宣告，基督釋放我們是要叫我們得自由。雅各是否有此領會，我們不能肯定。在教會最早期開始，《新約聖經》中以他定名的那書信，都一直令讀者有點顧慮。早期教會許多教父都熟悉這書信，覺得它沒有像《新約聖經》其他文獻那樣「出於神的默示」。在十六世紀，馬丁路德視之為「稻草書信」。我們閱讀這書信時會察覺到作者很強調遵命和好行為，當然這不是錯，但這書信卻欠缺了保羅在《加拉太書》和其他書信中洋溢著生命和自由的光彩。

與此對比，雅各另外一位兄弟猶大，在《新約聖經》他的書信中這樣說：

「耶穌基督的僕人，雅各的弟兄猶大 ，寫信給那被召、在父神裡蒙愛、為耶穌基督保守的人。 願憐恤、平安、慈愛多多地加給你們。」《猶大書》 1:1-2

雅各的死

《新約聖經》中沒有記載雅各的死。在聖經以外，約瑟夫記錄了他的死，可見當時作為耶路撒冷教會領袖的雅各，是人所共識的重要人物。

「非都斯死了, 阿爾比努斯 (Albinus) 快將上任, 他召開公會, 把那被稱為基督的耶穌的兄弟雅各和他的同黨拿來, 控告他們破壞律法, 判以用石頭打死他們。」
約瑟夫的《猶太古史記》20.9.1

耶穌知道父要他作的事

無論耶穌的兄弟雅各有沒有得到從「父」神給他的個人啟示, 他的確相信耶穌是彌賽亞, 跟隨祂, 最後還為他的信仰犧牲生命, 成為了一個殉道者。他有生之年, 在一些重要時刻中, 也在場親耳聽到耶穌講述那些鮮為人知的事。

耶穌受了約翰施洗後, 被聖靈充滿, 從猶太回來。聖靈降臨在他身上, 他便跑到曠野去過了一段日子, 受魔鬼試探。

這些試探的內容有重大意思。他剛從「父」得到身份的肯定, 三次試探中, 每一個攻擊都針對要敗壞他這身份。他在約旦河從約翰受了洗, 過去在拿撒勒寂寂無名地等待, 現在要踏出去開始公開傳道。他聽到「父」肯定他是祂的愛子, 從那天開始, 要用生活行為公開地顯示這身份。魔鬼立刻開始向他說謊話, 引誘耶穌離開活出作「兒子」的位置。每個試探都用一個懷疑的問號開始, 「你若是神的兒子…」

每個試探都要帶他走上另一條路徑, 離開「父」所揀選的。第一個試探是要他用超自然的能力去餵養人群, 走捷徑去得王權。羅馬人用餅和競技場來轄制人民, 先餵養群眾, 然後轄管他們, 這正是撒但攻擊耶穌的戰略。第二個試探是用頭條新聞的偉大神蹟去吸引人來跟從你這位顯赫出名的行異能者。耶穌所行的神蹟卻

都是回應「父」的命令,作為一個標記去引導人相信那差他來的「父」;這不是他自己的工作,乃是「父」透過他做的工作。

> 「耶穌對他們說:『我實實在在地告訴你們,子憑着自己不能做甚麼,惟有看見父所做的,子才能做;父所做的事,子也照樣做。父愛子,將自己所做的一切事指給他看,還要將比這更大的事指給他看,叫你們希奇。』」《約翰福音》 5:19-20

第三個試探是要賜給你全世界的管治權。撒但想用牠地上的國度來換取耶穌向牠下拜。這是撒但基本的慾望,渴想人向牠下拜。牠起初正是因此被逐出天堂,最終導致全人類墮落。撒但要求聖子神向牠下拜。

每一個試探,耶穌都抵擋、擊退。最後,試探停止了。

> 「魔鬼用完了各樣的試探,就暫時離開耶穌。」《路加福音》 4:13

先前的亞當在伊甸園被試探跌倒了,從此他所有的後裔都活在這試探的後果中。在《創世紀》3:10 亞當在園子裡對神說,我在你面前躲藏,我害怕你,因為我赤身露體。結果全人類都害怕神,躲避神,活在赤身露體和羞恥中。作為從婦人所生的,耶穌每天也面對這挑戰。在《希伯來書》4:15,作者說他凡事受過試探,但他卻沒有犯罪。每天耶穌都被試探去害怕神,躲避神;每天他都抵擋,認定神是他真正的「父」,愛他,喜悅他,他不需要躲避他。耶穌突破了人類自始以來活在其中那個「害怕和躲藏」的循環。保羅在《哥林多前書》15:45 中形容神的兒子是末後的亞當,耶穌勝過撒但的試探,因為他知道自己真正的身份,聆聽他「父」的聲音。

耶穌受過試探後，便回到加利利，探訪他的家鄉拿撒勒，按照當時所有猶太男子遵守的習俗，進入會堂。這件在拿撒勒事件發生的時候，他剛剛公開傳道不久。

這段耶穌在會堂說話的故事，資料來源很可能是耶穌的兄弟雅各。在很多方面，這是耶穌公開傳道的啟幕篇。在《馬太福音》中暗示了雅各也在場。作為一個居住在拿撒勒的猶太人，極有可能那次他有陪同他的兄弟一起進會堂。如果不是雅各，耶穌其他的近親極可能也在場。很明顯跟耶穌關係親密的人都親眼看到，親耳聽到。路加的故事記載很有那種目擊證人報導的現場感。

路加告訴我們耶穌在加利利各地會堂講道，各人都對他有正面的評價，這消息一定也傳到拿撒勒。

記載指出他照著習俗也在安息日進會堂。那次，他站起來要頌讀，有人遞交給他先知以賽亞的經卷，他打開書卷，找到一處寫著：

「主的靈在我身上，因為他用膏膏我，叫我傳福音給貧窮的人；差遣我報告：被擄的得釋放，瞎眼的得看見，叫那受壓制的得自由，報告神悅納人的禧年。」《路加福音》 4:18-19

路加說他把書卷卷起，交給管堂的人就坐下來。會堂裡的人都定睛望著他。他讀出一段合適的經文並沒有甚麼特別，但他在眾人前面坐下來，是表示他要就剛才讀的經文講解教訓人，他取了拉比的角色位置。然後，他說出那叫人驚歎的話：

「『今天這經應驗在你們耳中了。』」《路加福音》 4:21

他們完全明白這些話的含意嗎？初時，奇怪地，他們還有禮貌地指出這個人是木匠約瑟的兒子。跟著，耶穌對他們發出一連串的挑戰。他毫不含蓄，他很清楚表明他的訊息是他自己家鄉的人不能接受的，叫他成為不受歡迎的人物。他提醒他們昔日以色列民拒絕以利亞引致先知去到異教徒那裡。他這段話，拿撒勒會堂裡的人聽到後，先前的禮貌客氣轉眼就變成兇惡抗拒。

在讀過《以賽亞書》六十一章後，他宣告這經文要應驗在他們耳中了，耶穌特意指出自己的身份，就是先知以賽亞世紀以來預言的那位。以賽亞展望那日子，掌王權的主神要全新地向祂的百姓顯現，這是以色列復興的日子。在《以賽亞書》59:20 中，應許那「救贖者」要臨到錫安，雅各家要為他們的罪悔改歸向神，主的靈要透過祂僕人的口說話，那是主神榮耀降臨在他們當中的日子。這些都在熟悉經文的人心中，他們都在渴望彌賽亞的來到，復興以色列。這班人一定不會不明白這些話的含意。

耶穌顯然在表明自己在這些預言中的身份。聖靈降臨在他身上，他受洗時曾經歷過這樣的充滿。他是被聖靈引領帶到曠野去接受撒但猛烈的攻擊。耶穌被聖靈充滿，回到加利利。耶穌知道「父」的聖靈要充滿他，膏立他去傳好訊息給貧窮人。每一類別的人，貧窮的人、被擄的人、瞎眼的人、受壓制的人都代表著墮落以來的人如何活著和躲藏在的假身份裡面。人害怕和躲避神帶來肉身和靈性的貧窮。被擄的人把他們的破碎世界投射到神的面上，見到的是對神破碎的形象，那位他們害怕和躲避的神。我們被困在自己製造出來的監牢中。路易斯 (C.S.Lewis) 在《最後一戰》的故事中生動地繪畫出來。矮人們來到馬槽裡，這處其實是進入納尼亞 (Narnia) 和阿斯蘭 (Aslan) 新的同在的通道，他們但卻拒絕打開眼睛。路易斯說他們害怕被帶進到一個去不復返的地

方。這真能代表那些屬靈眼睛對真理變瞎了的人。亞當和他的妻子想要撒但打開他們的眼睛，但卻被騙進入屬靈的眼瞎裡，在他們的悖逆和不信中被壓制。保羅這樣說：

> 「你們死在過犯罪惡之中，他叫你們活過來。那時，你們在其中行事為人，隨從今世的風俗，順服空中掌權者的首領，就是現今在悖逆之子心中運行的邪靈。我們從前也都在他們中間，放縱肉體的私慾，隨着肉體和心中所喜好的去行，本為可怒之子，和別人一樣。」《以弗所書》2:1-3

那天，耶穌在拿撒勒會堂宣讀《以賽亞書》六十一章的經文，宣告「父」差他去作的工，將那使人自由的福音傳給被壓制和被擄的人，打開屬靈的眼睛，實現主的恩年。他的話要應驗在他們耳中，叫人知道他就是那福音的使者、被囚和被壓制的人的拯救者、使瞎眼者重見真光的醫生。他的所作所言都活出「父」的恩惠和祝福。

那時，雅各和耶穌的其他家人完全明白他說的話嗎？我們不知道。耶穌說這些話時聖靈在他身上；在五旬節那天聖靈傾倒在教會中。耶穌告訴他的門徒，聖靈要做的工作，是要提醒他們他所說的話。

> 「『我還與你們同住的時候，已將這些話對你們說了。但保惠師，就是父因我的名所要差來的聖靈，他要將一切的事指教你們，並且要叫你們想起我對你們所說的一切話。』」《約翰福音》14:25-26

在目擊證人回憶錄和福音書的撰寫過程中，聖靈都在細心地提醒、引導、策劃和組織真理，透過「父」的兒子耶穌一生所言所行，向我們啟示「父」的心。

第四位講故事的人

安得烈,第一位門徒

「我在加利利湖岸邊的伯賽大長大,我的家庭在那裡渡過了許多艱難的歲月,經歷過很多麻煩的事。那些軍兵一隊又一隊的經過加利利,所到之處都焚燒和毀滅。祖父告訴我,有一次整個鎮都被燒到磚瓦不留,移為平地,連湖岸捕魚的小屋都難逃厄運。他那時開了船在湖中,我們這兩條船才得以倖存。他把船靠岸藏在蘆葦叢中,我們才起碼還保留有兩條船。

那是很久前的事了,這年間我們的捕魚生意也興旺起來,到父親去世時,我們的生計還可以。我哥哥西門結了婚,他的岳母住在沿湖不遠的迦百農。父親去世後,生意便由西門接管,我只是個小夥伴。西門就是這樣的了,聲大大,沒想透便出聲,常常給他自己招來麻煩。對每個人,每件事,他都有主見,一切都要由他來決定,但他不是常常對的呢!有一次他的決定幾乎喪掉了家業,只賴我們跟西庇太父子合夥才不致破產。他們在湖區的捕魚生意比我們興隆,他們還有僱工。他們的生意基地設在迦百農,於是西門把我們的生意也遷到那邊,自己也搬進了妻子的娘家裡住。老

實說，自從搬遷以後，我都心不在焉了。

我有個多年好友，名叫腓力，我們是一起在伯賽大長大的。多年來，我們好像親兄弟一樣，許多事情都一起作。有一天，腓力告訴我，他聽聞有位新先知出來在猶太地教訓人，我們也聽到一些關於他的言論和很有趣的故事。我們兩人都想親耳恭聽，打算要去找他。我去告訴西門，他卻生我的氣；哼！這都是家常便飯啦！他控訴我棄他而去，留下他自生自滅。我好像常常得罪他的，他真的要冷靜下來，饒恕我吧！

於是，我跟腓力起行，沿著湖端的約但河谷，南下猶太。很快我們便碰到很多同路人，都是要去聽那位撒迦利亞的兒子約翰要講的話。他們稱他為『施洗者』，他教訓人要悔改受洗，使罪得赦免。他們引用先知以賽亞的說話來形容他，好像是在曠野有人發聲，預備主的道路。

腓力和我聽到了約翰的話，都很驚訝。過了幾天，我們去到他跟前，問他我們是否可以作他的門徒。他怪怪地看著我們說，可以。

約翰是個奇妙、出色，直接了當的傳道者，我想他是個真先知。有一次，有一群人要來受他的洗，他直稱他們是毒蛇的種類！他想知道是誰指示他們去逃避將要來的忿怒。他挑戰他們要活出果子來與悔改的心相稱。他叫他們不要自己心裡說：『有亞伯拉罕為我們的祖宗。』他說神能從這些石頭中，給亞伯拉罕興起子孫來；　現在斧子已經放在樹根上，凡不結好果子的樹就砍下來，丟在火裡。這真是火辣辣的話，所有人都留心聽。

眾人都輪流發聲問他，他們當做甚麼呢？他回答說有兩件衣裳的，就分給那沒有的，有食物的，也當這樣行。他們沒想到他

會這樣回答。

　　甚至稅吏也來要受洗,問他,他們當做甚麼呢?他直接了當告訴他們,除了例定的數目不要多取。腓力和我似乎認得其中一個人,肯定是從迦百農來的一個稅吏。我們很詫異在這裡見到他,我想這人就是亞勒腓的兒子馬太,但卻不能肯定。

　　然後,有士兵問他同樣的問題。他告訴他們不要以強暴待人,也不要訛詐人,要滿足於自己有錢糧。在我心目中,所有士兵都這樣強暴欺負人的吧!我想這話一定給他們很大的挑戰。

　　眾人都在指望期待,心裡想約翰就是那彌賽亞嗎?他們都在談論猜測,約翰對他們說:『我用水施洗,將要來的那人比我更大,我連替他解鞋帶也下配,他要用聖靈和火施洗;他手裡拿着簸箕,要揚淨他的場,把麥子收在倉裡,把糠用不滅的火燒盡。』

　　第二天,腓力和我跟他在一起。忽然他看見一個人迎面走來,就是從拿撒勒來的耶穌。他已經來了好幾天,也受了約翰的洗。有人說看見他在水中時有隻白鴿或是鴿子停在他身上,又聽到打雷的聲音,但那時卻沒有雨雲,在場的人都議論紛紛,說聽來像有人從天上說話。我卻錯過了,沒有親自在場。我們便問約翰,他帶著那難以理解的笑容說是神向耶穌講話。他告訴我們,他的所作所言都是為這人的出現預備道路,神開聲宣告耶穌是祂的愛子,『父』很以他為榮。

　　我們正聽的時候,約翰看見耶穌靠近我們經過,便說:『看哪!神的羔羊!』。我們望著約翰,他好像知道我們心裡所想的,向我們笑著說:『去跟從他吧!』

我們跟著耶穌後面走，他轉過身來看見我們，便問我們想要甚麼？我看了腓力一眼，便對耶穌說：『拉比，你住在那裡？』

他叫我們自己來看，於是我們便去看他住的地方。那時已經是下午四時，我們跟他過了一天。這是我往後人生開始的第一天！從此我不再一樣了！

過了幾天，我回到加利利，腓力卻多留幾天。後來耶穌到別處去了，我們已經一兩個月沒有他的音訊。我回來後立即去找我的兄弟西門，他住在迦伯農他岳母家中。我告訴他腓力和我找到那彌賽亞了。他即時沒有回答，我想他看我是有點瘋了。

最後終於聽到耶穌回到拿撒勒，還在迦拿一個婚筵中行了些異常的事，解決了當時酒用光了的問題。這是我們的生意夥伴西庇太兄弟雅各和約翰告訴我的，原來他們是耶穌的表親。約翰告訴我耶穌把幾缸的水變成了上好的酒，給他很深的感受。我告訴他我在猶太遇見過他，認為他可能就是我們一直等待的彌賽亞。

我把耶穌回到這地區和他在迦拿所作的事告訴西門。意料不到，當天竟然在市內碰到耶穌，他也很高興見到我，我便請他來見我哥哥西門。我跑去找到西門，再次告訴他我找到彌賽亞了。這次我叫他跟我去見耶穌，意想不到他竟然同意，我便帶他去見耶穌了。

耶穌看著他說：『你是約翰的兒子西門，你要被稱為彼得！』這一回，西門竟然無話可說，只是望著那定睛凝視著他的耶穌，我看到他眼中湧出淚水來，他立即轉過頭。隨後幾天，西門對我怪怪的，不想跟我說話，跟那素來我熟悉的他完全不同。

過了幾天，耶穌在加利利海邊行走，見到我和我哥哥。我們

正在湖中下網打魚。他站在岸上對我們說：『來跟從我，我要差你去得人如得魚。』

我們兄弟四目相投，我知道我要做的，看看西門，毫無疑問他也知道。於是我們毫不猶疑，立刻齊齊撇下網，跟從了耶穌。不久之後，我們一小群人跟隨耶穌到各處去。我們當中有西門和我，西庇太兄弟，還有我的朋友腓力；他還帶了他的朋友拿但業來，以後又有其他幾個人加入，最後我們一共十二個人。眾人開始稱我們為『十二門徒』，我們覺得變成了是很重要的人物！

不久之後，我們收到消息，耶穌的表兄施洗約翰被希律王安提帕捉拿監禁後，被處死了。耶穌很難過、憂傷，他便決定要跟我們獨自過到加利利海對面岸去。有大群人因為見到他行神蹟醫病，都隨著我們船要去的方向沿岸走。我們到達對岸，耶穌上到一個山坡上，我們都坐下來。我想這是在那年的逾越節前不久。我們聆聽他的教訓，又彼此討論，都頗投入。耶穌舉目看到大群人前來，問腓力在那裡可以買食物給這些人吃。可憐的腓力，他望我一眼，然後對耶穌說：『要花半年的工資去買的食物，只夠他們各人吃一口呢！』

這裡大群人中，我看見一個年輕男孩帶著他的午餐，於是我跑到孩子那裡，看看其他人有沒有食物。我決定帶他去見耶穌，看耶穌有甚麼辦法。我告訴耶穌，我找到了這孩子，他有五個大麥餅和兩條小魚，但卻不夠這麼多人吃。

耶穌叫我們組織安排人坐下來，這裡有許多草地，但五千多人，很難組織安排，最終都安排他們坐下來了。耶穌拿起小孩子給他的餅，祈禱祝謝了，叫我們分給坐著的人，他們想吃多少就吃多

少；然後也照樣分了魚。奇異的事發生了，我的心也快要跳出來！不知何故，那少少的餅和魚在傳開時，卻好像永遠派不完似的。最後，所有人各取所要的，吃得大快朵頤！

等眾人都吃飽了，耶穌叫我們撿起剩下來的零碎，不要浪費。我們每人就撿起大家吃剩的碎塊，竟然裝了滿滿的十二籃子，簡直不可思議！開始時只有少少的食物，我不知道其他的食物從何而來。耶穌作了何等異常的事啊！用少許的餅和魚餵飽了這麼多的人。眾人看見耶穌行了這神蹟，就開始說他是那要來到世上的『那先知』。

眾人都很興奮，商量計劃要立他為王，那位餵得他們肚子飽飽的王。耶穌知道他們要強迫他作王，他想獨自一人退到山上，便叫我們上船先到伯賽大去，他自己打發人群散去，然後獨自到山上禱告。

我們開船時已經很晚，吹著一陣強勁的西風。夜深了，我們的船在湖中央，他還獨自在陸地上。他一定看到我們很辛苦地搖櫓，因為風很大，逆著我們吹來。天快亮了，他出來到我們這裡，嘩，他竟在水面上行走！他快要來到我們旁邊，我們當中有人以為他是個鬼怪，因為從來沒有見過人可以在水面上行走的啊！我們看見他，很害怕，大聲喊叫，船中一遍吵鬧混亂。

他立刻開聲，告訴我們要拿起勇氣來，不要怕，因為這真的是他。然後他爬上船來跟我們一起，風便停了。我們都很驚訝。餅的事，我們還不明白，現在又來這一趟。看來似乎我們的心變得硬了，盛載不下這些神蹟奇事，在我們的頭腦中從來沒有見過這樣的事。

我們渡到對岸，把船停泊在革尼撒勒，我們剛剛離船上岸，眾人便認得耶穌。聽聞耶穌在那裡，他們從各處把患病的人用褥子抬來要見他。無論他去到那裡，村莊、城鎮和郊野，他們把患病的放在市集中，哀求要摸著他袍子的衫角，摸著的都得到醫治。對我們所有人，過去這些與他相處的日子是那麼的奇妙和不可思議。

有幾次我看到耶穌禱告，他似乎很享受向神祈禱。有一次他在那處獨自禱告，我們如常地遠遠觀看。他祈禱完後，我求他教我們如何禱告，正如約翰教他的門徒禱告，不是教所有人的，是特別教他門徒的。我希望耶穌也教我們這樣的禱告。耶穌便說，我們禱告的時候，要如此說：

『"父"啊，你的名是聖潔的，願你的國來臨。我們每日的餅，每日賜給我們。饒恕我們的罪，因為我們也饒恕每一個欠我們債的人。我們受試探時，保守我們安全。』我們現在都這樣禱告，也教導所有『那道的追隨者』的新血這樣禱告。我們另添加了一些，不過基本上是跟隨他所教我們的。

有一次，我們下到耶路撒冷去過節。有些希臘人在節期禮拜的人群當中，他們很可能是住在希臘的猶太人，但他們是講希臘話的。他們找到腓力（腓力來自加利利的伯賽大，那裡有些人是講希臘話的），他們想要見耶穌；腓力告訴我，我們商量後決定轉告耶穌他們的要求。

有些時候，耶穌說的話似乎跟當時的情況沒有甚麼相關，那次便是如此。他對我們說，人子得榮耀的時候到了；又說，一粒麥子若不落在地上死了，仍舊是一粒，若死了，就結出許多子粒來。然後又說，愛惜生命的就喪掉生命，世上恨惡自己生命的，就保守

生命到永生。然後望著我們說，服事他的人必跟從他；他在那裡，他的僕人也在那裡，父也尊重他。

耶穌看來很嚴肅和憂愁。他舉目望天祈禱，說：『"父"啊，救我脫離這時刻。』他停下來，似乎放鬆了些和又改變了主意，說：『不是，我原是為這時刻來的，"父"啊，願你榮耀你的名！』

忽然，我們聽到彷彿從天上來的聲音說：『我已經榮耀了我的名，還要再榮耀。』眾人很困惑，特別是那些希臘人，看來非常震驚。眾人中有人說是打雷了，又有人說天使對他說話了。耶穌轉過來對腓力和我說，這聲音不是為他來，是為我們來的。他說現在這世界要受審判，這世界的王要被趕出去。然後又說，他若從地上被舉起來，要吸引萬人來歸他。後來我們才明白耶穌這話原來是指着自己將要怎樣死說的。

眾人中有人問他，他們聽見律法上有話說，彌賽亞是永存的，他怎麼說『人子必須被舉起來』呢？他們想知道這人子是誰。耶穌告訴他們，光在他們中間還有不多的時候，應當趁着有光行走，免得黑暗臨到他們；又說，那在黑暗裡行走的，不知道往何處去。他們應當趁着有光，信從這光，使他們成為光明之子。 耶穌說了這話，就離開他們隱藏了。這是他最後一次對眾人說話，此後，他只對門徒說話。幾天後，我們聚在一起慶祝逾越節。他打開心窗，向我們說明那些我們以前不真正了解的事。

這些事情，我自己親眼看到；耶穌講的話，我親耳聽到；其他人可以加上他們的版本。至於我，噢，那天晚上我跟其他人一樣，從園子逃跑去了。我沒有看見他死，卻知道他死了，我也知道他準確地知道自己要怎樣死。在那十字架上，他的確是從地上被舉起

來。在七日的頭一日，他復活後回來的時候，我也在那房子裡。我看見他好幾次，我肯定是他，不是有人認為的鬼魂。他跟我們一起用饍。他升天時我也在場，那場景難以形容，他就是這樣在空中升上雲端去了。他說過，他要回到他的『父』那裡去。

在耶路撒冷，我們聚在一起，聖靈降臨在我們身上的時候，我也在場。那事以後，噢，這是另外一個故事了。」

在福音書和其後的安得烈

除了福音書的幾處記載外，我們對安得烈的人生事蹟知道不多。按照福音書的記錄，安得烈是西門彼得的弟弟，可以推想到是約翰（或稱約拿）的兒子。他出生在加利利海北岸的村莊伯賽大。他和他的哥哥西門彼得是以打漁為生的。根據《路加福音》第五章，他們跟雅各和約翰是打漁作業的生意夥伴。

約翰在他的福音書中說安得烈是施洗約翰的門徒。施洗約翰的見證帶領他和另外一個不知名的門徒跟從了耶穌。安得烈確認耶穌是彌賽亞，把他介紹給他的哥哥。之後，兩兄弟被呼召跟耶穌進入更緊密的關係，放下了打漁的生意去跟從耶穌。

在福音書中，安得烈是耶穌近身門徒之一，在重要的事件發生時在場。在《約翰福音》6:8，安得烈把那有五餅二魚的小孩帶來見耶穌；他和腓力告訴耶穌那些希臘人來找他；最後晚餐時他跟其他門徒在一起。雖然沒有被個別提名，他也在餘下的十一

個門徒當中，遇見復活後的耶穌。《使徒行傳》記載聖靈在五旬節降臨在門徒身上，他也在門徒的名單中。

四世紀教父優西比烏 (Eusebius) 在他寫的教會歷史中引述了三世紀早期俄利根 (Origen) 的著作，記載安得烈在西古提 (Scythia)、小亞細亞、黑海沿岸直到伏爾加河 (Volga River) 現今俄羅斯的地方傳道。西古提的位置難以確定，可能是在現今烏克蘭的地區。十世紀的文獻《聶斯特的年記 The Chronicle of Nestor》中關於東斯拉夫民族(Slavic) 的起源和歸信主的記錄中，提到他傳道沿著黑海和第聶伯河 (Dnieper River) 直到烏克蘭的基輔 (Kiev)，再去到諾夫哥羅德 (Novgorod)。因此成為了烏克蘭、羅馬尼亞和俄羅斯的守護聖徒。根據其他的傳統，他在主後38年設立了君士坦丁堡的拜占庭教會 (Church of Byzantium (Constantinople))，按立了士大古 (Stachys) 為領袖或是主教。士大古在主後38年至54年作拜占庭主教，他似乎跟安得烈和保羅有密切聯繫。這教會可能後來發展成為君士坦丁堡的宗主教區座堂 (Patriarchal See of Constantinople)，以安得烈為其守護聖徒。保羅在《羅馬書》16:9 所提到那「親愛的」士大古是否就是這位士大古主教，就不太清楚了。

根據羅馬的希格西普斯 (主後235年)，安得烈在色雷斯 (Thrace) 傳道。二世紀的偽經《安得烈行傳》也提到他出現在拜占庭。塞琉西亞的巴素 (Basil of Seleusia) (死於主後458年) 也知道使徒安得烈在色雷斯、塞琉西亞和亞該亞宣教。

相傳安得烈在希臘西部的帕特雷 (Patras) 在十字架上殉道。都爾的格雷戈里 (Gregory of Tours) (主後594年) 從早期的文獻，例如《安得烈行傳》，得知安得烈是被綁在像耶穌被釘

的拉丁式十字架上，而不是被釘。傳統說安得烈死在「X」形的十字架（Crux Decussata），現今通稱為「聖安得烈十字架」上，他覺得不配跟耶穌被釘十字架的模樣死，所以自己有這樣的要求。

根據格魯吉亞（Georgia）的教會傳統，安得烈是第一位將基督教傳入格魯吉亞地區的人，視他為格魯吉亞教會的創辦人。十世紀格魯吉亞的神職人員也有此記載，後來更詳細地記載於《格魯吉亞年記》Georgian Chronicles。由於安得烈在格魯吉亞地方宣教，格魯吉亞教會也被認可擁有源自使徒的地位。

根據塞浦路斯傳統，安得烈坐的船離了航道在島上擱淺。安得烈上岸後用杖擊打石頭，就湧出有醫治能力的泉水來。船長本來有一個眼睛是瞎了的，喝了這水後便痊癒了。自此之後，這地方便成了朝聖者所到之地，十二世紀時還建立了一所修道院堡壘。

羅馬尼亞東正教正式認為安得烈在從小西提古至達奇安羅馬（Daco-Romans）的多布羅加省（Dobruja）傳道，使人歸信基督教。在那裡的一個洞穴中發現刻有古代基督教的圖象記號。根據喬治·亞歷山大（George Alexsandrou）的研究，安得烈花了二十年在達奇安地區傳道教訓人。他覺得安得烈跟達奇安人關係密切，因為他們是相信一神的。在這年間，安得烈的足跡遍達多腦河（Danube）地區和黑海沿岸，但大部分時間留在多布羅加的洞穴附近。這個聖安得烈洞至今仍被保存為聖地。

這些傳統資料頗為詳盡，覆蓋了許多地方和時段。安得烈的工作似乎特別集中在黑海沿岸的羅馬尼亞和烏克蘭。這樣看來，在《使徒行傳》之後的日子，漁夫安得烈真的在這一帶得人如得魚了。

「父」喜悅祂愛子的忠誠

安得烈很早便領會到耶穌是那應許的彌賽亞。但是我們很難確定他看耶穌為政治的彌賽亞，還是認識他是神的受膏者，基督。他和其他早期的門徒都的確看到耶穌跟他們從前遇過的人很不同。似乎安得烈很想把他所信的向其他人分享，希望他們去見耶穌。他介紹他的哥哥西門給耶穌；憑著信，他帶那備有午餐的孩子去見耶穌；帶那些希臘人去見耶穌的也是安得烈。

在《約翰福音》12:23 記載中，安得烈帶那些希臘人去見耶穌，耶穌的回答很特別。那時是他被捉拿和釘十字架前幾天，他心情沈重，快要來的苦難和犧牲壓在他心頭，在這困難的時候，他仍然在顯示「父」。安得烈是這啟示的目擊證人，他在場聽到耶穌說：

> 「『人子得榮耀的時候到了。我實實在在地告訴你們，一粒麥子不落在地裡死了，仍舊是一粒，若是死了，就結出許多子粒來。愛惜自己生命的，就失喪生命；在這世上恨惡自己生命的，就要保守生命到永生。若有人服事我，就當跟從我；我在哪裡，服事我的人也要在那裡；若有人服事我，我父必尊重他。』」《約翰福音》12:23-26

這時耶穌想到他將要面對的死亡和犧牲，是他得榮耀的時刻。他自己的生命就像一粒種子落在地上，然後復活帶出許多子粒來。不要抓住愛這生命的心，卻要展望那真正榮耀所在的生命。他得榮耀，因為「父」的愛子每一步都跟隨著神的計劃，要把神的兒女從撒但魔掌和黑暗的國度中釋放出來。那些希臘人聽到，可能摸不著頭腦。耶穌給他們一條清晰的路徑，去認識他

和他所顯示的「父」。三卷符類福音書都有記載這段關於作主門徒的經文；跟從他的人要與他同死，好叫可以領受更大的獎賞，享受「父」的榮耀。保羅在《歌羅西書》中這樣形容這宗叫我們得救贖、得榮耀的交易。

> 「又感謝父，叫我們能與眾聖徒在光明中同得基業。他救了我們脫離黑暗的權勢，把我們遷到他愛子的國裡； 我們在愛子裡得蒙救贖，罪過得以赦免。」《歌羅西書》 1:12-14

然後，耶穌對他周圍和身旁的人說出他心底的話。

> 「『我現在心裡憂愁，我說甚麼才好呢？父啊，救我脫離這時候；但我原是為這時候來的。』」《約翰福音》 12:27

耶穌地上生命和事工，來到最後一週的高潮，耶穌心中積累了的傷痛，他人性裡體會到的痛苦和憂傷，都向「父」傾訴出來。從人性角度來說，這跟客西馬利園的呼喊很相似，他不是不願走上這條路，但心中沈重的憂患是可以理解的。他卻不躲避那時刻，宣告他是為了這時刻而來，他要在這時刻中榮耀他的「父」。耶穌每個思想和動作都是要榮耀「父」，啟示祂的本性和祂的心。

耶穌口中說出了這句話，表明他順服的心和兒子的心，便聽到從天上來的聲音。眾人也聽到，以為是打雷，也有說是天使向他說話。這是第三次聽到「父」向子直接說話。第一次是他開始公開傳道前在約但河受洗的時候，「父」的話向子肯定祂的愛和他兒子的身份。第二次是耶穌登山變像時，「父」肯定祂對子的愛，並吩咐門徒要聽他的話。這最後一次，在子面臨他最大的試

煉和苦痛前,「父」對耶穌說:

「『我已經榮耀了我的名,還要再榮耀。』」《約翰福音》12:28

「父」對耶穌說他所作的事工已榮耀了祂的名。子的人生和「父」是互相交織在一起,他們一起得榮耀。這好像是「父」對愛子說,他的人生和事工已經叫「父」得榮耀了,現在面臨犧牲的苦痛,他要完成作為祭司和君王的工作,他是永恆救贖的創始和成終者,「我還要再榮耀。」

耶穌整個人生都不是要吸引人歸向自己,卻是要揭示他的「父」,要榮耀祂。《約翰福音》4:34 指出耶穌來是要「遵行差我來者的旨意,做成他的工。」《約翰福音》5:19 說「我實實在在地告訴你們,子憑着自己不能做甚麼,惟有看見父所做的,子才能做;父所做的事,子也照樣做。」

耶穌一生順服「父」的旨意,榮耀他的「父」。在這段記載中,耶穌首先解釋他要以死來結出他事工的果子。他照著「父」的要求去作,順服他的「父」。

耶穌向「父」宣告「榮耀你的名」之後,「父」回應說祂已經榮耀了祂的名,意思就是「父」的名已經因著耶穌順服的人生得了榮耀,「父」因著耶穌的死再要得榮耀。正如保羅在《腓立比書》2:8-10 所說,耶穌人生終極的順服是他甘心順服,且死在十字架上。

約翰·派博 (John Piper) 這樣說:

「《約翰福音》特別讓我們領會這上好的訊息,神的

榮耀是充滿恩典和真理的。『道成了肉身，住在我們中間，充充滿滿地有恩典有真理。我們也見過他的榮光，正是父獨生子的榮光』《約翰福音》 1:14 。神最榮耀的地方，是祂自己全然豐盛足夠，祂本體榮耀的豐盛，以恩典和真理滿溢傾倒在祂的受造物身上。祂並不需要我們，但為了我們，他的豐盛滿溢，恩澤我們。」《渴慕神: 基督化快樂主義者的默想》Desiring God: Meditation of a Christian Hedonist, Multnomah, 1996; 第三版, 2003。

第五位講故事的人

耶穌在井旁遇到的婦人

「我不能夠誠實地說我喜歡猶太人。因為我們的血統不像他們那樣純正,他們常常看低我們撒瑪利亞人。縱使我們敬拜同一的神,他們還是厭棄我們,這班猶太人就是這樣荒謬的了。言歸正傳,那一天我到井那裡去打水。我通常會遲一點才出去,避開早上的繁忙時段,我們士加村的婦女大多是在那時段去打水的。當然我認識他們,她們普遍都是麻煩人物,對我的態度惡劣,我卻比她們更認識她們的丈夫呢!對呀!你沒有聽錯,我那時是個這樣的女人。所以我等到村裡其他婦女打完水回家去後,我才出來打水,叫自己好過一點吧!免得聽到他們對我評頭品足。我因此要忍受烈日當頭,無處乘涼之苦,但總算可以耳根清靜。如果有些男人路過,說不定還可以召來晚上的人客呢!想你都明白我的意思吧。

我不能夠誠實地說我喜歡男人,我一生都認識過好幾個。技術上來說,這些年來,我跟五個男人結過婚,但每次都沒有好結果。我都被他們休了,離棄了,但我只不過是個女人,不可以休他們。他們有些娶我只為了性事;其中一兩個有點不同,但他們家

人插手介入，視我為殘花敗柳。有時候還是女人最醜惡的呢！你可以想像有五個奶奶嘛！如果你覺得有五個丈夫是件難事，試想像每清早去井裡打水都會踫到五個前任奶奶和偶然碰到前夫的新歡吧！我常常對自己說，我很堅強，有鐵石心腸。但其實我不如此，有時我渴望可以一走了之，離開這個討厭的地方。

那天我如常正午時份跑到井那裡去。這口井很古老，是千百年前我們祖宗雅各掘的。我走近時看到一群猶太男人在路上朝村裡走。這是尋常的事，猶太人往來加利利和耶路撒冷有時會停留在士加。這些人通常不都是那些宗教人士，那些人會繞道而行，避開不踏足撒瑪利亞，以免被污染，禮儀上成了不潔淨的人。那天這群人大約十二人左右，大都是年青漢子，有些還很英俊呢！我想今天晚上生意可能會不錯吧。那日子我是靠此維生的，這當然是我遇到『他』之前的我。

我不時轉過頭來，看看他們其中有沒有人停下在跟我打交道，沒有留意到井旁坐著一個人。我沒預期會有其他人在井旁，他的出現把我嚇了一跳。他看來很疲倦，年紀大概三十歲。我想有生意上門了，放下水罐，整理一下頭髮。

意料之外，他主動問我要點水喝，我想這肯定是生意機會了，決定取笑他，試圖探索他的取向，便說：『你是猶太人，我卻是個撒瑪利亞婦人。怎麼向我取水喝？』他回答說：『你若知道神的恩賜，和對你說『給我水喝』的是誰，你必早求他，他也必早給了你活水。』出乎我意料之外，他說話時沒有私毫猥褻，我很驚奇，一時之間不知所措。

我想了一會，他如果知道有別處取水的地方，我便不用常常

來到這口井取水？然後我發覺他沒有打水的工具，想他一定是想跟我搭訕，我便接著說：『先生，沒有打水的器具，井又深，你從哪裡得活水呢？ 我們的祖宗雅各將這口井留給我們，他自己和兒子並牲畜也都喝這井裡的水，難道你比他還大嗎？』

我沒有想到他卻這樣回答我，他說：『凡喝這水的還要再渴，人若喝我所賜的水就永遠不渴；我所賜的水要在人裡頭成為泉源，直湧到永生。』我很困惑，便隨口說：『先生，請把這水賜給我，叫我不渴，也不用來這麼遠打水。』我這樣說似乎有點傻氣，那時我真的想他有些神奇的水，好使我以後再不需要來這個地方打水。

然後，他說：『你去叫你丈夫也到這裡來。』忽然我有一個很怪的感覺，我知道我那時候滿面通紅，以前的我是不會面紅的，沒有任何事可以叫我面紅的！

他定睛望著我。我已經習慣了給男人看的了，但從來沒有人這樣地看著我。他目光中的那份純潔是我從來沒有在男人身上見到的。我靜默了片刻，低下頭望著地，告訴他我沒有丈夫。

這人當然就是拿撒勒人耶穌。他對我說：『你說沒有丈夫是不錯的。 你已經有五個丈夫，你現在有的並不是你的丈夫。你這話是真的。』

我不知說甚麼才好。我舉目望著他，他的目光仍然抓住我的心，他笑著，沒有絲毫審判的味道，我心中有一種特別的感受，不是可憐，是愛；不是我素常認識的愛，也不是在我的世界中流傳的愛。不是，這人真的愛我；我既困惑，又有點驚怕。我很尷尬，他那麼準確地看穿了我；他怎麼會知道我曾經五次『結婚』呢？當然那些不是真正的婚姻。我想他可能是那些類似先知的人物，便想

轉換話題，因為現在的話題太過涉及個人私隱了。我停下來想，怎樣可以阻止他談論我生命中的事呢？他是猶太人，就轉去談他的熱門話題，宗教吧！我於是告訴他是個先知，我們的祖宗在基利心山上敬拜，但猶太人卻說要在耶路撒冷敬拜。

他望著我，說：『婦人，你當信我。時候將到，你們拜父，也不在這山上，也不在耶路撒冷。 你們所拜的，你們不知道；我們所拜的，我們知道，因為救恩是從猶太人出來的。 時候將到，如今就是了，那真正拜父的，要用靈和真理拜他，因為父要這樣的人拜他。 神是個靈，所以拜他的必須用靈和真理拜他。』我從來沒有聽過人稱神為『父』，他怎麼知道這些事呢？忽然我心中湧出一個意念，便對他說：『我知道彌賽亞要來；他來了，必將一切的事都告訴我們。』耶穌的目光直射著我，說：『這和你說話的就是他！』

這時正好他的朋友回來了，很驚奇他跟我這個婦人談話，你如果看到他們面容就明白啦！他們沒有人問我要甚麼，為何跟他談話。

我不能相信他剛剛跟我說的話，他說他是那彌賽亞！他看透了我的心，悉透我和人生的一切。我的心在狂奔，這一天永恆地改變了我的生命。我要回到村子去，去告訴他們誰來到了我們這村莊。於是我一口氣跑回村裡，連水罐都忘記了。我不知要如何對人說，回到村裡，只說：『你們來看！有一個人將我素來所行的一切事都給我說出來了，莫非這就是基督嗎？』有些人以為我喝那些平價酒多了，但看見我是挺認真的，有些人便出去到耶穌所在的井旁。當我回到井旁，我聽到他的門徒在勸他吃點食物。

他告訴他們，他有他的食物，是他們不知道的。他們彼此望著，問是誰給他食物，也望著我，以為是我給他食物。他對他們

說,他的食物就是遵行差他來者的旨意,做成他的工。他提醒他們還有四個月才是收成的季節,然後說:『舉目向田觀看,莊稼已經熟了,可以收割了。 我差你們去收你們所沒有勞苦的;別人勞苦,你們享受他們所勞苦的。』

那時,井旁已經聚集了一大群人,眾人都留心聽他的每一句話。我們就好像他所說的莊稼,在等待這人來收割。自從那天起,因為我的見證,我們村裡許多撒瑪利亞人都信了他。我們求他留下來,他便留下來多住了兩天,有更多的人因他的話成了信徒。他們對我說:『現在我們信,不是因為你的話,是我們親自聽見了,知道這真是救世主。』他們總是不放過我,要刺我一下呢!

我的名字是甚麼?噢!你不用知道啦!我就是那『井旁的婦人』!」

福蒂娜 (Photina), 一點真光

許多人都想知道她的名字,傳統有不同的說法。根據希臘傳統,她的名字是福蒂娜 (Photina),意思是「小小的一點光」。傳說她深受井旁的經歷感動,便開始傳福音。因此她被捉下監,最後在遠離撒瑪利亞的迦太基 (Carthage) 殉道。另外一個傳統說福蒂娜在羅馬帶尼祿王的女兒和她的一百個僕人信主後被處死。按照這故事記載,尼祿王火燒羅馬城後對基督徒發起很大的逼害,她跟她的兒子約瑟和韋陀,和其他幾個基督徒一起在羅

馬殉道。據普遍被接納的傳說，她的首級被保存在羅馬的「城牆以外的聖保羅」教堂內，她的名字被列在羅馬殉道者的名單中。

無論這些傳說是否真實，肯定她把在井旁跟耶穌的一番對話告訴了別人，這個人最有可能就是第四卷福音書的作者。

如果要從南方的耶路撒冷向北面的加利利走，最快的路綫是穿越撒瑪利亞境地。來到離村子士加約半哩的雅各井，他們都會疲倦和口渴，停在那裡歇息。耶穌坐在這井旁休息，門徒進去了村裡買食物。那時約是正午，是一天中最炎熱的時候，有一個撒瑪利亞婦人卻在這「不方便」的時候來取水。

撒瑪利亞是一個非猶太人地區，周邊卻都是猶太人的聚居地。《列王紀下》17:23 記載到北國以色列亡於亞述人後，其他民族遷入聚居在這地，從外面遷來的非猶太人替代了被分散的猶太人。這些外族人和殘餘的以色列人通婚衍生了一個混種的族群。在虔誠的猶太人眼中，這族群是最被鄙視和邪惡的。更糟糕的，以色列純正的宗教因此摻雜了外族人的偶像崇拜。

南國猶大亡於巴比倫人後，撒瑪利亞人留居此地。當猶太人從被擄回歸，要重建聖殿和耶路撒冷的時候，撒瑪利亞人想參與支持，但卻被斬釘截鐵地拒絕。約在主前400年，撒瑪利亞人在基利心山上建造了他們自己的聖殿。在主前二世紀末，這殿被猶大哈斯蒙尼王朝 (Hasmonean) 的統治者約翰·許爾堪 (John Hyrcanus) 毀壞，更加深了猶太人和撒瑪利亞人之間種族怨仇。

撒瑪利亞人宣稱相信以色列的神和等待彌賽亞的來臨。他們接受《摩西五經律法書》，拒絕其他《舊約聖經》的經卷，他們還更改《律法書》來支持他們的宗教信仰和敬拜神的地方。這使

他們跟猶太人的關係變得更惡劣。

耶穌跟那婦人在井旁的相遇違反了三個猶太人的習俗。第一，他跟婦人談話；第二，她是個撒瑪利亞人，是猶太人傳統厭棄的族群。第三，他向她取水喝；她用的器皿會令他在禮儀上不潔淨。難怪他此舉叫井旁的婦人感到震撼。

在談話中，耶穌令人莫測地告訴那婦人，他可以給她活水叫她永遠不再渴。他說的是永生，只有從他才能得到，能夠滿足她心靈的渴望。初時，她完全不明白箇中的意思。

雖然他們素未謀面，耶穌卻知道她曾經有過五個丈夫，現在跟她同住的不是她的丈夫，他叫她帶她的丈夫來；她醒覺過來了！她嘗試轉換話題，去討論敬拜的問題，談論他們對敬拜不同的觀點。她還表示相信彌賽亞要來到，耶穌說他就是那彌賽亞。

婦人開始明白這次跟耶穌相遇究竟是甚麼一回事，那時門徒回來了。他們看見他跟一個婦人談話也很希奇。那婦人掉下了水罐跑回村裡去，邀請人說：「你們來看！有一個人將我素來所行的一切事都給我說出來了。」

那時，耶穌告訴門徒靈魂豐收的時候到了，先知們、《舊約聖經》的作者們和施洗約翰所撒的種子，現在有收成了。撒瑪利亞人聽到那婦人的話，都從村裡出來，請求耶穌留下來。

耶穌留下來兩天，講解「父」的愛和神的天國。無論當地的人怎樣看這婦人，她以往確實是男人的惡行和歧視的受害者。在第一世紀的文化中，男人可以休妻，但女人卻不能休丈夫。如果這婦人曾經五次結婚和離婚，一定是那五個男人把她休了。她會

怎樣看她自己呢？她現在同住的不是她的丈夫，可能是個有婦之夫。這婦人真的被士加的男人予取予攜，隨取隨棄。她可能是個妓女，也可能是被人利用和侵犯。耶穌不單只叫那婦人省察到她自己的罪，也揭露了那地方男人們的罪。

門徒看見耶穌跟一個撒瑪利亞婦人談話就很希奇，約翰沒有說是因為她是個撒瑪利亞人，或是因為她是有罪，他們根本不知道她的底細。他們希奇，因為她是個女人！這裡有點兒歧視的味道，可能是種族歧視，更可能是性別歧視。當時的猶太人看低女人，門徒看來也沾染了這觀念。

「父」在尋找在靈裡敬拜的人

耶穌和那婦人的談話包涵了許多層面，其中很容易被忽略的是關於敬拜的討論。耶穌說：

「『婦人，你當信我。時候將到，你們拜父，也不在這山上，也不在耶路撒冷。 你們所拜的，你們不知道；我們所拜的，我們知道，因為救恩是從猶太人出來的。 時候將到，如今就是了，那真正拜父的，要用心靈和誠實*拜他，因為父要這樣的人拜他。』 神是個靈，所以拜他的必須用心靈和誠實*拜他。』」《約翰福音》 4:21-24

＊譯者註：英文《NIV譯本》作「在聖靈和真理裡」；《環球聖經譯本》作「靠聖靈按真理」或「在聖靈和真理裡」

耶穌在此三次明顯地把「父」和敬拜的人連繫起來。他預見將來敬拜「父」不局限於一個地理位置，在基利心山上或是在耶

路撒冷。耶穌這番話是在耶路撒冷於主後70年淪陷和聖殿被提多的軍兵焚毀之前四十年之前說的。要點是他把對「父神」的敬拜從特定的文化和宗教裡釋放出來。對「父」的敬拜不是特別為猶太人保存專有的，卻是開放給所有在聖靈和真理裡敬拜的人，那被「父」的靈充滿的新群體。他更進一步說「父」正在尋找這樣敬拜的人，這才是真的敬拜。

對今天許多人來說，敬拜是基督徒生命和對神心意呈獻的主要環節。在許多地方，敬拜是一項被動的活動。「敬拜者」觀看著一班有職業水準和音樂恩賜的人在教堂前排或臺上帶領敬拜。聽眾或會眾的參與被縮減至間中齊唱一些容易上口的歌曲，隨著歌曲節奏揮手或拍掌，或者以神秘目光向遠處凝視，好像神就在房頂的樑木上似的。在許多地方，敬拜的人被邀請來敬拜耶穌，耶穌是敬拜的焦點和對象。這種敬拜形式在靈恩「世界」中很普遍。在有些地方，會眾很熱切地參與。我曾在非洲見過，敬拜的人被呼召到一個非常火熱，甚至瘋狂的地步。隨著節奏和音量，帶領敬拜的人聲嘶力竭地要求、推動參與者進入一個「出神」的夢幻境況。今天許多敬拜歌曲沒有聖經內容，聽起來非常以自我為中心，而不是以神為敬拜的中心。歌詞通常都是一個哀求，好像一個孤兒懇求神來為他做些事。這樣的呼喊常常是發自於我們的破碎和無助；不是發自於「在聖靈裡」和敬拜「父」的心。

有一次我拿到一間用「敬拜中心」為標題的教會小冊子，邀請我們來「用心靈和誠實敬拜主」。他們錯誤地引用《約翰福音》4:23。邀請人來敬拜「主」，不是敬拜「父」；所獻上的敬拜是用心靈 (in spirit)，不是在「聖靈」裡 (in the Spirit)。我不是要吹毛求疵，當然「主」明顯是指到「神」，但這不單只是不小心，忽略了準確地看經文，也可能是重點地忽略了聖靈的位置。

今天許多敬拜，最好只不過是以耶穌為焦點，最糟糕的是以人為中心，完全在乎我們的感受和需要，更摻雜了許多不信和劣品神學。耶穌在對那井旁的婦人說的一番話中，特別指出敬拜的焦點應該是「父」，他的「父」，並且要進行在「祂的靈」的大能中。這樣對三一神的敬拜表達，比較起我們許多人今天所經歷到的，顯得更豐富和合宜。在這番話中，「子」呼召人來在「靈」裡敬拜「父」。耶穌說，這才是真正的敬拜。

耶穌給我們這個啟示，讓我們領受過來，好好藏在心裡，走那前面漫長的路程。

第六位講故事的人

恐怖分子西門

「我憎恨那些羅馬人，我們所有人都憎恨他們。他們在我們人民中的所作所為，簡直忍無可忍。我記得我還是個十歲的小伙子時發生的事，你想知道嗎? 好, 你就洗耳恭聽吧! 那時我只不過是孩童, 不知道甚麼國家民族大事。那時猶太王希律跟羅馬人有些權力鬥爭, 阿拉伯王阿雷塔斯也牽涉在內; 他的首都是約但河對岸的佩特拉。他憎恨猶太人, 時常找機會去討好那些羅馬人。那時是危機重重的日子。

我出生在加利利, 在迦拿長大。我的親戚住在塞佛瑞斯和其他城鎮裡。當地的情勢愈來愈緊張, 我們知道難免會被捲入這場糾紛中, 卻始料不到會是那麼恐怖。羅馬人在北面敍利亞和南面猶太都有駐兵, 我們加利利人被夾在中間。衝突終於爆發了, 很快戰火蔓延到整個加利利。塞佛瑞斯成為了抵抗力量的基地。但這都是徒然, 我們的力量遠遠不及羅馬人和他們的盟友阿雷塔斯從阿拉伯來的軍隊。我記得那天, 我父母夜裡喚醒我們, 趕快逃到山中洞穴裡躲藏。我們可以從洞口看到塞佛瑞斯那邊的天際

火光熊熊，城在焚燒中。父母整晚憂心，母親還在哭，因為她有許多親人住在那裡。

天剛發亮，父親和幾個男子漢決定要去看看，援助他們。他不准我去，叫我留下來看顧母親和姊妹們。我卻遠遠地跟著在後面，我要跟父親一起啊！我在他們後面悄悄地跟著。我爬上了一個小山崗上，可以清楚看到前面的情況。我所看到的叫我震驚不已，整個城都焦牆敗瓦，還在冒煙。忽然，有大隊的羅馬兵和阿拉伯兵在附近出現。太可怕了，他們還捉了我父親和跟他一起去察看的人。

我看見一群一群的婦女和孩童被鎖鏈綁在一起，看來是要被賣作奴隸。許多軍兵還向較年輕的婦女施暴。我那時只是個小孩，不明白他們在作甚麼事；現在我知道了，那些軍兵常常找機會向婦女施暴。這些筆墨難以形容的恐怖情景一幕幕在我眼前展現。我還看見他們捉了我父親和其他的人以後，強迫他們製作十字架，然後一個一個的釘他們在那些十字架上。我那時受驚過度，害怕到身體不能動彈，感覺到軟弱無力，只可以躲在山石中。我在哭，震抖著甚麼都不能作。夜裡我聽到被那些釘在十字架的人的痛苦呻吟，還有那些婦女們的尖叫和哭泣。我繼續躲藏起來，甚麼都沒有作，被恐懼和創傷緊緊的抓住。天要亮了，我決定要返回家去，但路卻很難走，因為到處都有羅馬人和他們的盟兵。一群群被綑綁的人被趕著，沿河谷朝著海岸走。塞佛瑞斯已經不復存在了。到處都是十字架，我永遠不能忘記那個景象。我憎恨羅馬人和他們代表的一切東西。年輕的我發誓要盡我所能，把羅馬人趕出加利利；任何一個羅馬人，我決定一有機會就有殺錯沒放過！

我的家園僥倖地沒有被踐踏。我永遠不會告訴母親我目睹的一切。她後來知道父親死了，便跟其他婦女去找到他的屍體。

看守的人不准他們把屍體從十字架上取下來；要等到羅馬人都走了，才可以把遺體取下來埋葬。我再次發誓，有一天，我要那些羅馬人血債血償！

我長大了，找到一班志同道合的朋友，我們都恨透那些侵略者。有一天，有些比我較年長的年輕人跟我們傾談，很快便發覺我對羅馬人的痛恨，把我拉到一旁，告訴我他們的復仇大計。自此我便成為了一個奮銳黨人。那時我們並不是這樣自稱的，我們只不過是一班復仇心切的年輕人。我們不認識有好的羅馬人，唯一的好羅馬人是死了的羅馬人！我們開始學習刀法；每次母親叫我宰殺一隻羊羔煮食時，我都很樂意去做，因為又可以一刀殺死那畜牲，是個很好的實習機會。

我們一群男孩跟幾個其他人聯合起來，我們都痛恨羅馬人。終於有一天，我們一直等待的機會來了，心中的渴想可以實現了。那時有一小隊的羅馬人路過，在大路上築營過夜。我們收到指令，要潛入營中，一見羅馬人就殺。我很害怕，同時又很興奮，便同意跟其他兩個男孩一起潛進營裡。我們在地上爬行，來到有幾個羅馬人睡覺的地方。守營的人看來睡著了，我爬近一個睡著了的士兵。滲透汗水的手緊握著刀，心在胸膛蹦蹦地跳。忽然，一個守衛看到我們！我們三人立即拔足逃命！我跑得最快，在夜裡漆黑中逃脫了；但我其中一個朋友卻失足跌倒，被抓住了。我們一口氣跑到山上才停下來，遠遠聽到他的尖叫，那悽厲的叫聲劃破了沈寂的夜空。我又再發誓，有一天我要殺死一個羅馬人！

殺死羅馬人卻帶來一個問題。我們每殺一個羅馬人，他們便殺五個猶太人。很快，連自己人民也憎恨我們，不想我們殺羅馬人。所以我們便轉過來去對付那些為羅馬人做事的走狗；這倒多

的是。加利利每一個稅吏都是代羅馬人向我們要錢，自己更加中飽私囊，我也憎恨他們。記得那天晚上，我們在湖邊的提比哩亞後街黑巷裡，捕捉到一個！他連叫都沒有機會，我們就下手幹掉了他，好暢快啊！可是，我裡面的傷痛卻從來沒有消失，仍然在我心中，好像潰爛了的傷口一直在擴散發臭。

我長大成人了，也再沒有那麼主動地參與這些事。其實那時加利利已經平靜下來，大致上人民都只有低聲下氣，跟羅馬人和他們的盟友共存。在我心中，我仍然是個奮銳黨人，還憎恨羅馬人和他們所代表的一切。雖然年紀大了，裡面的傷痛卻沒有絲毫減退，從來沒有離開過我的心中。

有一天，我遇到那拿撒勒人耶穌。我以前風聞有他；這裡每個人都聽聞到有關他的事，說他有點與眾不同。他被稱為木匠約瑟的兒子，這是人給他的稱號吧！有些人還在竊竊私語，說他母親以前被羅馬兵強姦了，然後產下他。這個謠言流傳了好幾年，我們認識他很久以後還在傳；那些猶太人用這流言去貶低他。

我記不起我是怎樣加入他們行列的了。我想是有一天踫到他，他便叫我來跟從他吧。於是我便跟從了他，我自己也不知因由。回想起來，跟他在一起的時候，我有一種很奇妙的感覺，不能形容。現在我當然明白了。我那時是那麼受傷和破碎。雖然他跟我年齡相近，卻好像是我的父親似的。跟他一起時，我覺得安全；不知怎麼樣的，他體恤明白我心中的傷痛。不過跟從他的日子，不是常常這樣輕鬆自在的呢！

我記得有一天他在教訓人，轉過來望著我，說：『你們聽過有話說 "以眼還眼，以牙還牙"，只是我告訴你們，不要與惡人作

對。有人打你的右臉，連左臉也轉過來由他打；有人想要告你，要拿你的內衣，連外衣也由他拿去；有人強迫你走一里路，你就同他走二里。』這番話像刀一樣直刺透我的心腸肺腑！我們都知道羅馬兵可以強迫你替他提行李，你只可以照著去做。這裡耶穌叫我們替這狗娘養的提行李，走雙倍的路。我心中在尖叫，我寧願殺死他，我才不會這樣做！

耶穌也知道。

有一天，難以相信的事情發生了。耶穌看見一個名叫馬太的人坐在稅關，他走前去叫馬太來跟從他。馬太站起來，便跟從了他。我簡直不能相信我的眼睛，好戲還在後頭呢！這個馬太還邀請耶穌和我們所有人去他家裡吃飯。我寧願一刀插在他的背上，也不會插在他的食物上呢！我拒絕進去，我一定不會進去，我不能進去！馬太家裡坐滿了像他那樣挖得肚滿腸肥的朋友和鄰居，包括許多稅吏和罪人。還有更糟糕的一幕，那群令人討厭的宗教人士，法利賽人來到，看見了這個場景，又見我是門徒中的一個，站在屋外滿肚子氣似的，便問我：『為何耶穌跟那些稅吏和罪人一起吃飯？』

耶穌剛好出來，聽到這話，便對他們說，健康的人不需要醫生，有病的才要。他然後還叫他們去學習憐憫人，代替獻祭給神。他說他來不是要召義人，是要召罪人。他對法利賽人說的時候，轉過身來望著我笑，他完全知道我心中的一切。

這事以後，我記得我們在一起走路，我察覺到耶穌走來靠近我身旁，然後把手搭著我的肩膀，我心中感受到他給我的安慰和支持。那時，我正想起我的父親和那些羅馬人；他卻沒有論斷我，定我的罪。那天早些時候，他講論到要從心裡饒恕人。那時安

得烈和西門彼得有些衝突，兩兄弟爭吵起來，西門一口咬著安得烈做了些甚麼事情，他又怎樣寬宏大量地饒恕了他。然後他轉過來問耶穌，要饒恕他的兄弟姊妹多少次，七次夠了嗎？耶穌望著彼得說，不是七次，是七十個七次。彼得變得像那沒有風的帆，垂頭喪氣。然後耶穌開始講一個故事。

這個故事說到有一個王要跟他的僕人們結賬。結賬開始時，有一個人欠他一萬袋金子，被帶到他面前來。這人沒法償還，王下令把他、他的妻子和兒女並他一切所有的都變賣來還債。這個僕人便在他面前跪下來，求他寬容他，給他機會償還一切債務。主人憐憫他，取消了所有的債務，放他走了。

耶穌跟著說，這僕人出去踫到另一個僕人，欠了他一百個銀錢。他抓住那人的脖子，把他握得快死了，要求他償還所有的債務。那僕人跪下來，求他寬容，給他機會去償還。他卻不肯，還去告官把那人關在牢房，直到他還清全部所欠的債務。其他的僕人看到這事都氣憤，便去把一切都告訴主人。

耶穌繼續講述主人的反應。主人召這僕人來，非常惱怒，稱他為『惡僕』。王說：『你哀求我，我便免了你所有的債，你應該以我對你的憐憫去憐憫欠你債的同僚。』王一怒之下，把他交給看守牢房的人來虐待他，直到他還清所有的債務。這個故事很厲害啊！

我們所有人都鴉雀無聲。在我裡面，我的心在蹦蹦地跳。然後耶穌很凝重地對我們說，除非我們從心裡饒恕我們的弟兄，他的天父也要這樣對待我們。

我想起那些羅馬人，他們不是我的弟兄，所以這不應用在我身上。耶穌又如常地望著我，像知道我正在想甚麼。我知道我要

放過那些殺死我父親的羅馬人。一直以來，我抓住他們的脖子，要把他們的生命一點一滴都擠搾出來，原來最受苦的卻是我。我把自己關在牢房裡，虐待著自己。

從那天起，我裡面有些東西改變了。我饒恕了那些羅馬人嗎？他幫助了我，我饒恕了。」

福音書以後的「奮銳黨的西門」

我以上所寫有關西門的故事，大部分是假設和想像。我構想他活在的時代背景。他的名字只記在門徒名單上。他被稱為「奮銳黨的西門」，我常常對此感到興趣。在本書中，比較起其他講故事的人物，我在他的故事中作了較多的假設，都是基於估計和構想。在這過程中，我覺得聖靈在引導我的思緒，跟讀者分享教導。

他是個奮銳黨成員，我的構想以此為出發點。在第一世紀，奮銳黨是以色列抵抗羅馬人的組織，但也有其他的看法。根據東正教的傳統，耶穌和門徒在迦拿參加婚筵，以水變酒，那就是西門的婚筵。在婚筵中看到耶穌的神蹟後，西門離開了家園、他的新娘和他的父母，跟從了耶穌，因此被稱為奮銳黨的西門。按較後期的傳統，西門常常出現在耶穌弟弟猶大的傳福音團隊中。西方基督教傳統在十月二十八日是一個節期。傳說西門在埃及傳福音之後，在波斯和阿美尼亞或是黎巴嫩，跟猶大一起，兩人在主後65年殉道。根據埃塞俄比亞的傳統，他在撒瑪利亞被釘十字架。另一個傳統

說他去到英國。基於他「奮銳黨人」的稱號，還有一個傳統說，他後來參加了猶太反抗羅馬人革命抗戰，這抗爭結果受到殘暴的壓制，導致耶路撒冷的淪陷和聖殿的被毀。像其他使徒一樣，西門被羅馬天主教、東正教、聖公會和路德宗教會封為聖人。

奮銳黨是猶太人的一個黨派，源自高隆人猶大 (Judas the Gaulonite)。他們拒絕向羅馬人交稅，認為這樣是違反神是以色列唯一的王的原則。他們起義反抗羅馬人，但很快便失敗被驅逐分散，變成一班無法無天的流寇。奮銳黨中最極端的一群亦被稱為「西卡里」(sicarii)，意思是「暴徒」或「短劍刺客黨」，因為他們的政策是刺殺那些反對他們反抗羅馬人的猶太人。可能許多奮銳黨人都是西卡里人。

根據歷史家沙宣 (H.H. Ben-Sasson)，西卡里人原本以加利利為基地，是為社會革命而鬥爭。耶路撒冷的奮銳黨人卻沒有那麼著重社會方面。

我構想奮銳黨西門的人生時在想，究竟是甚麼導致他成為一個奮銳黨人呢？在現代文明中，在佔領區中長大的年輕人，因為他們經歷過的很深的創傷，常常會成為「自由戰士」。在壓迫他們的人眼中，他們卻是恐怖份子。

塞佛瑞斯在加利利離拿撒勒以北約十哩。約瑟夫記錄了在耶穌和門徒幼年時發生在這地方的事。

「羅馬將軍法洛士 (Varus) 收到西賓奴斯 (Sabrinus) 的信後，得悉猶太的情況，擔心他留在那裡的兵團。⋯立即火急派兵前往加利利攻擊殺敗敵人，攻佔了塞佛瑞斯，城內居民被擄作奴隸，全城被焚毀。法洛士差

派兵到各地搜查發起動亂的人，有罪者嚴懲，無罪者釋放，結果二千人被釘十字架。」《猶太古史記》17.10.9

從這些背景資料中，我嘗試構想重新建立奮銳黨人西門活在當下的人生。羅馬人在所有佔領地施行強權殘暴管治，以色列和猶太人，跟其他族群一樣，都難逃厄運。

在這樣的社會政治情況下，耶穌教導饒恕，對所有門徒來說，真的是一個非常切身的課題。特別是那位奮銳黨人，他最可能跟羅馬人有深仇大恨！

耶穌教導「父」的愛使我們能從心裡饒恕

耶穌教導門徒饒恕，以身作則。甚至被掛在十字架上的時候，他饒恕叫他受苦的人。在《馬太福音》18:21-35 記載中，耶穌用一個比喻，引導我們去探索真正的饒恕，不單是一個意志決定的行動，卻是從心裡發出的。

很多人說饒恕是一個選擇，一個意志決定的行動，甚至對方不配得到，我們都送給他們的一份禮物。但耶穌在這比喻中教導我們，饒恕是心的態度，不是意志的選擇。當然這是一件恩典的禮物，不是賺取得來的。

彼得問耶穌要饒恕他的弟兄多少次？耶穌便用這比喻回應他。耶穌對所有的門徒說，包括了奮銳黨的西門。西門可能有千萬個理由去不饒恕。在塞佛瑞斯發生的事情，對他的生命就算有些微的影響，他都會有困難去饒恕那些羅馬人。如果他真的是一個奮銳黨自由戰士，他心中更難以饒恕那些羅馬人。他們作惡多

端，叫人嘔心，很多人都會認為是萬惡不赦的呢！

這個比喻分為兩部份。上半部描述饒恕的真正意思。這故事裡的王不是代表神，卻是代表我們。別人得罪了我們，我們需要饒恕他們。這個王所作的看來很大手筆，隨意定斷。耶穌這裡描述的不是他的「父」，雖然很多人是這樣解釋。這個王代表那需要饒恕別人的人。

在故事中，王決定要跟欠他債的人結賬。有一個人欠了他很多的錢，王要求他償還，僕人當然沒辦法。王恐嚇他如果不能還便要出賣他和他一家作奴隸，也不足補償王的損失。很清楚的，神不是這樣對待我們的。耶穌的「父」有恩慈地饒恕，祂的饒恕和恩典是白白賜給那些相信和回應祂兒子的人。

故事中的王要求全數償還。耶穌指出，別人欠我們的債，我們要有清楚的賬目，才能夠開始去饒恕。這不是對往事或所欠的債斤斤計較，卻是要清楚列出，這是嚴重的事，不要無所謂啊！對奮銳黨的西門和其他嚴重地被得罪的人，過去發生的事不是無所謂的，不可能當作沒有發生過似的，可以揮之即去。有人說基督徒要放開心懷，選擇饒恕。我們不要發怒抱怨嘛！於是通常便把傷痛埋藏，說句「無所謂啦」算了！但耶穌在這裡不是這樣說。他說我們要正視我們身上所受過的，承認我們是受了虧欠。這個王好好地記錄債務。否則我們便沒有真正地處理那些被虧欠的和需要饒恕的東西。

對有些人，這就是很難饒恕的關鍵所在。以往你失去或被偷走的寶貝東西，令你想起來都很痛，不想去面對、觸摸和擁抱它。這樣，真心的饒恕便很困難。把這些回憶和感受壓抑下去，

卻不能放下得罪你的人和那些令你傷痛的事。

這樣數清債務並不違反保羅在《哥林多前書》十三章所說「愛是不計算人的惡」的教導。反而，這是真心饒恕的第一步。這不是將這些東西抓住不放，卻讓我們可以真正的放下。那王算清僕人所欠他的債，發現是很大的數目啊！

那僕人不能償還，所欠的實在太多了。王要先認知所欠債務的全部真相。僕人求憐憫寬容，答應一定全數清還。這簡直荒謬！我們常常以為自己可以解決。他似乎有個計劃去還清債務，但他欠的實在太多了，沒有可能償還。那時王才知道真相，這個債是償還不了的。王於是決定全部一筆勾銷，完全的饒恕。這真的是了不起啊！耶穌讓我們看見神是這樣饒恕我們，同樣，我們也要這樣饒恕那些得罪我們的人。這就是故事的重點所在。

奮銳黨的西門，或是我們當中被人得罪和虧欠的人，饒恕要以記賬開始。有些人把這些都寫下來，可能這是非常痛楚的經歷，因為這不是沒相干的事，卻是叫你有切膚之痛、很有相干的事啊！然後了解到這些是已經發生在我們身上的事情，我們是得不到償還的，我們不能改變過去。這樣，我們不否定、不壓抑埋藏真相，卻正面擁抱真相，憐憫才可以湧流出來，覆蓋和越過一直藏在我們心中的審判和定罪。

王的饒恕方式是「一筆勾銷」。我們先認識到別人欠的是甚麼，我們的心才能得到自由釋放，才能夠從心裡饒恕。這不是單單一個意志的選擇，卻是先在心中深深地、豐富地擁抱整個真相，然後放手將債務一筆勾銷。這就是跟對方說：「你再不欠我甚麼了，因為我釋放了你，你自由了。」

耶穌在故事中帶出一個驚人的啟示。他的「父」算清了我們世人欠祂的債，然後釋放我們得自由。祂賜給我們生命和自由，期望我們去同樣地饒恕別人。

故事的第二部份，耶穌解釋我們如果不從內心去饒恕會落到的境況。被饒恕的僕人剛從王那裡出來，踫到一個欠他債的人，所欠的債務比較他欠王的可算是微不足道。他沒有因蒙王的饒恕而同樣地饒恕那人，反而握著那人的脖子，還把他掉進牢房裡。

結果王發現了，便把那不饒恕的僕人掉進牢房，受虐待。然後耶穌說他的「父」也要這樣對待不肯從心裡饒恕的人！這是甚麼意思呢？因為我們不饒恕，神會虐待我們嗎？如果是這樣的話，整個福音就在乎我們和我們饒恕的能力，不是在乎神的恩典了。那麼這是甚麼意思呢？如果我們不饒恕那些得罪我們的人，我們的心會變得怎樣呢？

回到故事中，我們找到答案了。故事的焦點是我們要饒恕得罪我們的人多少次？我們不要數算饒恕了他多少次，不要讓我們的心積聚不饒恕。在故事第一部份，耶穌描述從心裡的饒恕；在第二部份他描述如果我們沒有從心裡饒恕，我們心中的景況將會如何。

那僕人不肯饒恕，他抓住那人的脖子，要握死他。這是一個很有力的圖象，我們不饒恕人，便是在這樣待人。好像要將他人的生命都擠搾乾，好叫對方領會一下我所受的滋味。我們不放過他，叫他受到我所受的苦痛。當我們要聽指令而饒恕，便會咬緊牙根去饒恕，卻不是從心裡饒恕。最終我們要求還我公道的人，卻竟然若無其事，我們自己反而在苦毒和批判中被消耗。正如俗語說；「我們不饒恕，因為不能饒恕。」

我們的心在受虐待，我們被囚禁在自己的不饒恕中。耶穌說如果我們不肯從心裡饒恕，我們便落在這境況中。我們不肯從心裡饒恕，「父」便不能把我們從這個傷痛和自我虐待的地方拯救出來。我們把自己關在這牢房裡。耶穌不是說「父」虐待我們，慈愛的「父」不會這樣，也不能這樣；但祂給我們自由意志，不會強迫我們去改變。我們把自己關閉在自己傷痛中的時候，祂還在等待我們。祂盡其所能用祂的愛來安撫我們，呼喚我們，將真理向我們顯明；但祂不會違反我們的自由意志。祂不強迫我們去饒恕、去愛、去回應祂。

對奮銳黨的西門和其他像他的人（就是我們所有人）來說，從心裡的饒恕是最要緊的事。藉著耶穌在十字架上的死，我們的罪得赦免，又被召同樣地從心裡饒恕別人。我們在基督徒生命中掙扎，不能活出以神為「父」的關係，主要原因是我們沒有饒恕那些得罪我們的人。

奮銳黨的西門從心裡饒恕了那些羅馬人嗎？在他心中，有需要饒恕他們的地方嗎？毫無疑問地，他饒恕了。五旬節那天，在耶路撒冷那房子裡，聖靈降臨在所有聚集的人身上。他的名字在這些人的名單中。跟其他門徒一起，他將福音傳到羅馬人的世界和以外的地方。如果我們相信教會的傳統，他跟猶大一起傳福音，足跡踏遍地中海東邊，羅馬帝國的心臟地帶。如果有不少羅馬人，因著使徒西門的熱衷和行動，成為了基督徒，我一點兒也不希奇呢！

第七位講故事的人

法利賽人西門

「我以身為一個法利賽人為榮。可能你會不以為然，我們大部分人都認為我們有不錯的成就，很以此為榮。我們的首要目的是盡自己所能遵守《摩西五經律法書》。我們不像撒都該人那樣只按字面去解釋演譯律法書，我們著重在生活上實踐出來。我們生活的模式要按照律法，因此生活上每一個環節都要有律例規則。我們儘量考慮到每一個可能發生的情況，然後去訂定律例規則，不容許有任何個人解釋的空間。這正就是我們跟耶穌發生衝突的地方，他一切都用他那嶄新的「愛的律法」來解釋演譯律法，令我我心裡很苦惱掙扎。同時他卻眼光獨到，很快便看穿我們缺乏表裡一致的毛病，吸引我很想更深認識他。

我記得有一天耶穌在教訓人，我們法利賽人和文士坐著聽他。我們從耶路撒冷，加利利和猶太各處的村莊出來，都聽聞他醫治病人，我卻沒有親眼看到。他正開始講的時候，外面起了一陣哄動，有人用褥子抬了一個癱子來，要帶進房子內，放在耶穌跟前。因為人太多，他們擠不進來，便爬到房頂，從瓦面把褥子垂下

來在人群當中，正好放在耶穌面前。他們把房頂弄壞了，不知道房子的主人會要求甚麼法律賠償？

耶穌看見，便對那人說他的罪赦免了。他這句話叫我很愕然，這是褻瀆的話啊！因為只有神才能赦罪。耶穌好像知道我們在想甚麼，望著我說：『你們心裡議論的是甚麼呢？ 或說 "你的罪赦了"，或說 "你起來行走"，那一樣容易呢？ 但要叫你們知道，人子在地上有赦罪的權柄。』他叫那癱子站起來，拿他的褥子回家去。 那人在我們面前立刻站起來，拿着他所躺臥的褥子回家去，歸榮耀與神。 我們都驚奇，一面歸榮耀與神，另一面卻滿心懼怕。我告訴我的朋友，我們今日看到一件不尋常的事。

後來，有一個安息日，耶穌走進會堂教訓人，有一個人右手枯乾了。許多法利賽人正在找藉口為難他，我也在留心觀看他會不會在安息日治病。耶穌似乎知道我們在想甚麼，便叫那人起來，站在眾人面前，他便起來站在我們面前。然後，耶穌對我們說：『我問你們，在安息日行善行惡，救命害命，那樣是可以的呢？』他環顧四周的眾人，叫那人伸出手來。他把手一伸，手就復原了。

許多法利賽人和律法師非常憤怒，彼此商議怎樣處治耶穌。但我卻拿不定主意，我親眼見到兩件神蹟，是無可以推諉的。我想自己去見耶穌，跟他個人會面暢談。於是我決定邀請耶穌到我家中吃飯，也邀請了幾位朋友來一起來參加。

我們邊吃邊談，這個飯局看來進展不錯。忽然有一個婦人衝進來。我們都認識她，她是個活在罪中的人。你明白吧！我不知道她怎麼可以闖進我的家中。其實我是知道的，但算了吧！不要提了。不知她如何知道耶穌在我家中吃飯，她還拿了一玉瓶的

香膏進來。眾人都很希奇，我卻很尷尬，她竟然在我的飯局中搗亂。正打算要叫僕人把她趕出去，她跑到耶穌身後，在他腳旁哭起來。耶穌的腳都給她的眼淚弄濕了，就用頭髮擦乾，連連親他的腳，然後把香膏倒在上面。

我看見這一切，心想如果耶穌是個先知，一定知道誰在摸他和是個怎樣的女人。她是個罪人啊！我很惱怒她竟然在我家中胡鬧，耶穌卻不阻止她。

耶穌轉過來對我說：『西門，我有話要跟你說。』我便請他說，繼續我們的飯局，不用理會這女人。

耶穌講了一個故事。說有兩個人都欠了借貸銀錢的人債。有一個欠了五百他連得，另一個欠五十。兩個人都沒法償還，借貸的人免了兩人的債。問題是那一個人愛他更多呢？

我說應該是欠債多的人吧！他對我說：『你判得對！』然後轉過去向著那女人，對我說：『你看見這女人嗎？我進了你的家，你沒有給我水洗腳；但這女人用眼淚濕了我的腳，用頭髮擦乾。你沒有與我親嘴；但這女人從我進來的時候就不住地用嘴親我的腳。你沒有用油抹我的頭；但這女人用香膏抹我的腳。所以我告訴你，她許多的罪都赦免了，因為她的愛多；但那赦免少的，他的愛就少。』然後對那女人說：『你的罪赦免了。』

我的客人彼此對問說：『這是甚麼人，竟赦免人的罪呢？』我記得那次他醫好那癱子的時候，他說過這句話。他今次在我家中又對這個有罪的女人這樣說。然後，他竟然對那女人說：『你的信救了你；平平安安地回去吧！』

這令我非常困惑，耶穌跟其他我所認識的拉比和教師很不同。他的說話不斷縈繞在我腦際間揮之不去，我深被吸引，想要更多聽到他的話，但法利賽黨裡我許多朋友卻很抗拒他。

其實這是我的主意，起初我有一位朋友也想要邀請耶穌吃飯，我想如果他們可以跟耶穌一同坐席，跟他交談，可能他們跟我一樣會對他有好感。所以我這個法利賽朋友便邀請耶穌跟他一起吃飯，也邀請其他法利賽朋友參加，一起圍在飯桌坐著。我也在場，希望必要時可以和緩一下氣氛，但卻事與願違，他們都一齊唇槍舌戰去批評攻擊他。

首先，我的朋友希奇耶穌吃飯沒有先洗手。主…噢，我剛剛稱呼他為主嗎？那時我不是這樣稱呼他的，現在卻是。耶穌對我的朋友，飯局的主人說：『如今你們法利賽人洗淨杯盤的外面，你們裡面卻滿了勒索和邪惡。無知的人哪，造外面的，不也造裡面嗎？只要把裡面的施捨給人，凡物於你們就都潔淨了。你們法利賽人有禍了！因為你們將薄荷、芸香並各樣菜蔬獻上十分之一，那公義和愛神的事反倒不行了。這原是你們當行的；那也是不可不行的。你們法利賽人有禍了！因為你們喜愛會堂裡的首位，又喜愛人在街市上問你們的安。你們有禍了！因為你們如同不顯露的墳墓，走在上面的人並不知道。』場內登時變得死寂一片，然後有一位律法專家開聲對他說：『夫子！你這樣說也把我們踐踏了。』

耶穌轉過來對他說：『你們律法師也有禍了！因為你們把難擔的擔子放在人身上，自己一個指頭卻不肯動。你們有禍了！因為你們修造先知的墳墓，那先知正是你們的祖宗所殺的。可見你們祖宗所做的事，你們又證明又喜歡；因為他們殺了先知，你們修造先知的墳墓。所以神用智慧曾說："我要差遣先知和使徒到他們

那裡去, 有的他們要殺害, 有的他們要逼迫", 使創世以來所流眾先知血的罪都要問在這世代的人身上, 就是從亞伯的血起, 直到被殺在壇和殿中間撒迦利亞的血為止。我實在告訴你們, 這都要問在這世代的人身上。 你們律法師有禍了! 因為你們把知識的鑰匙奪了去, 自己不進去, 正要進去的人你們也阻擋他們。』

耶穌講完後便站起來離開出去了, 這個飯局完蛋了! 耶穌所講的話一針見血, 從來沒有人敢這樣直言的, 我們心裡都知道, 他所說的是事實。

耶穌離開以後, 在場的法利賽人和律法師都起來極力反對他, 還商議設計找把柄害他。我看見這樣便立刻離場, 我們有幾個人秘密地跟從了耶穌。我知道他們的秘密和計謀, 但卻沒有敢公開揭露他們。我還聽到希律也正在密謀要殺害耶穌, 於是我們幾個人去見耶穌, 勸他離開這險境到別處逃避希律殺他的陰謀。

他對我們說:『你們去告訴那個狐狸說:"今天、明天我趕鬼治病, 第三天我的事就成全了。" 雖然這樣, 今天、明天、後天, 我必須前行, 因為先知在耶路撒冷之外喪命是不能的。』

耶穌滿眼淚水, 繼續說:『耶路撒冷啊! 耶路撒冷啊! 你常殺害先知, 又用石頭打死那奉差遣到你這裡來的人。我多次願意聚集你的兒女, 好像母雞把小雞聚集在翅膀底下; 只是你們不願意。看哪, 你們的家成為荒場留給你們。我告訴你們, 從今以後你們不得再見我, 直等到你們說:"奉主名來的是應當稱頌的。" 』

有一個安息日, 耶穌進到一位在加利利很有名氣的法利賽人家裡吃飯。他們都在留心他的一舉一動, 我也被邀請參加。其中一個賓客生病了, 身體發起腫脹來。耶穌便問那些法利賽人和律

法師:『在安息日治病, 可以不可以?』我們都啞口無言。他便拉著那病人, 醫好了他, 然後吩咐他回家去。

然後耶穌問:『你們中間誰有驢或有牛, 在安息日掉在井裡, 不立時拉牠上來呢?』我們無言以對。這看來又是一個很難捱的飯局了。我真不明白我們法利賽人為何不停地邀請他吃飯, 可能因為各式各樣的人都請他吃飯, 我們有點嫉妒吧! 那些日子我心中很愁煩, 他的話的在我內心深處引起了很大的挑戰。耶穌的話與眾不同, 是那麼有權柄的, 是我從來沒有聽過的!

耶穌看見到場的客人都爭著要坐席上的首位, 就講了一個故事:『你被人請去赴婚姻的筵席, 不要坐在首位上, 恐怕有比你尊貴的客人被他請來; 那請你們的人前來對你說:"讓座給這一位吧!"你就很沒趣地退到末位上去了。你被請的時候, 就去坐在末位上, 好叫那請你的人來對你說:"朋友, 請上座。" 那時, 你在同席的人面前就有光彩了。因為, 凡自高的, 必降為卑; 自卑的, 必升為高。』

然後耶穌對席上的主人說:『你擺設午飯或晚飯, 不要請你的朋友、弟兄、親屬, 和富足的鄰舍, 恐怕他們也請你, 你就得了報答。你擺設筵席, 倒要請那貧窮的、殘廢的、瘸腿的、瞎眼的, 你就有福了! 因為他們沒有甚麼可報答你。到義人復活的時候, 你要得着報答。』

同席的有一人聽見這話, 就對耶穌說:『在神國裡吃飯的有福了!』他的口吻是那麼道貌岸然, 叫我差點噴飯了!

耶穌用另一個故事來回答說:『有一人擺設大筵席, 邀請了許多客人。到了坐席的時候, 打發僕人去對所請的人說:"請來

吧！樣樣都齊備了。" 眾人一口同音地推辭。頭一個說："我買了一塊地，必須去看看。請你准我辭了。" 又有一個說："我買了五對牛，要去試一試。請你准我辭了。" 又有一個說："我才娶了妻，所以不能去。" 那僕人回來，把這事都告訴了主人。家主就動怒，對僕人說："快出去，到城裡大街小巷，領那貧窮的、殘廢的、瞎眼的、瘸腿的來。" 主人對僕人說："你出去到路上和籬笆那裡，勉強人進來，坐滿我的屋子。我告訴你們，先前所請的人沒有一個得嘗我的筵席。"』

這真是一個難忘的飯局！

有一次，稅史和罪人都聚在一起來聽耶穌說話。有一班法利賽人和律法師來到，站在眾人外圍，私下批評耶穌竟然歡迎罪人，還跟他們一起吃飯。我當時也在場，難道因為我曾多次跟耶穌一起吃飯，在他們眼中我也是個罪人嗎？。耶穌好像完全知道他們的一切意念，便用三個故事來回應。第一個是失羊的故事。第二個是有一個婦人失掉了一個珍貴和很有價值的銀子。然後，他講到第三個故事，是講述有個人與他兩個兒子。這故事很厲害，叫我人生從此完全改變。

我後來把這故事轉述給路加，我告訴他的一切，他收集在耶穌的生平事蹟中。我聽他所講的故事中，這個是最精彩的。從那天開始，我真正跟從了他。他講的時候，我覺得自己就好像故事中那小兒子，回家到他父親那裡。來到故事的後半部，我卻覺得自己好像那個自以為義的大兒子。他講的時候，我清楚感受到他在描述神是我們的父親；他講完這個故事後，我再不是個法利賽人了。對那些死硬的宗教律法主義，我完全失去了胃口；後來我還抽身出來，離開了往日的生活圈子。

耶穌被捕、被處決之後，我聽到他復活的傳言。於是我去耶路撒冷，找到他的朋友和家人。那一天，我們一大群人聚在一起，最少有五百人。耶穌來到我們中間跟我們說話，他真的是復活了！不久之後，五旬節到了，我們又在城中聚在一起，你都知道那天發生的事情吧。殘留在我心中法利賽人的思維和心腸，都被聖靈的大風吹走得一乾二淨，我成為了一個『那道的追隨者』。」

《路加福音》裡的法利賽人

路加在《使徒行傳》十五章告訴我們，早期教會中有一些信徒是法利賽黨人。保羅也曾經是其中的一份子，福音書也記錄了他們一些人的名字。《約翰福音》中的尼哥德慕可算是其中最著名的人，稍後我們會聽到他的故事。

我們仔細查看四福音書，可以找到有關這群人一些有趣的詳細資料。這些資料顯然出自兩個不同的來源。福音書裡面有一些故事環繞著耶穌在耶路撒冷和猶太地區跟一些法利賽人的相遇，可以在《約翰福音》和符類福音書的後半部中找到。法利賽人和撒都該人是兩個很不相同的黨派，從這些故事中可以看到他們都對耶穌很抗拒。在耶路撒冷的衝突愈來愈厲害，衝突的內容卻沒有詳細交代。

另外的一些有關法利賽的故事，氣氛卻很不同，《路加福音》詳細地記載了這一類故事；這些詳細的資料大部分只有見於《路加

福音》。這些事件發生於耶穌在加利利的時候，而不是在猶太地區；在法利賽人家裡的飯局，看來是在場法利賽人的目擊報導，而非出自耶穌的門徒。我認為路加在對事件留心探索的過程中，很可能有跟他們一些人會面交談。在《路加福音》7:36-44 中，特別提到法利賽人西門；像本書前面的故事，我這個故事也出於構想，是以西門為中心。我相信如果不是西門，路加一定跟一個很類似西門或者認識西門的人會面交談，得到這些獨特資料。路加提名西門在他的記錄中，看來西門是早期教會的人所熟悉的；同時，路加相信揭露他的身份和他跟耶穌的關係，當時也不會對他不利。

路加故事的場景主要是在加利利，這地區的法利賽人可以自由地邀請耶穌到家中交談和吃飯；耶路撒冷的法利賽人，例如尼哥德慕，卻要較小心，不敢太公開地跟耶穌相交，尼哥德慕那次還要在夜裡才來見耶穌呢！

路加重述的故事寫得特別仔細，顯出目擊證人回憶錄的特色。

耶穌跟這些加利利的法利賽人相遇，把他自己的和父神的本質和特性向他們揭示。他不斷強調個人罪得赦免；當時的人相信疾病和殘疾是由於個人的罪，不遵守《摩西五經》猶太人律法的後果。許多法利賽人認為人生在世通常經歷到災難都是由於人犯了罪，耶穌跟他們談論這些課題，並用神蹟醫治來表明真理。他宣告那癱子的罪得赦免；在西門家中膏他的腳那在罪中的女人，他也宣告她的罪得赦免了。他活生生地描繪出法利賽人用他們宗教外表裝飾來掩飾他們自己的罪；法利賽人以外表的虔誠著名，但裡面的生命卻像粉飾了的墳墓。那在罪中的女人能夠通行無阻地進到法利賽人西門的家中，直走進他的飯廳，對於他的房子和僕人瞭如指掌，可能西門自己也是個粉飾了的墳墓呢！《路加福

音》十五章中的大兒子不肯去見那浪子回頭的弟弟，在父親面前控訴弟弟把所有的家產都花掉在妓女身上；其實不需要跑到老遠才可以找到妓女，在加利利每個村鎮都有妓女。耶穌講的故事，和他對罪人的所作所言，成為了他跟法利賽人飯局中的家常飯菜。

《路加福音》十五章記載「失兒」的故事，通常被稱為「浪子的比喻」，有很特別的隱喻。福音書中，只有路加詳盡和細膩地記載了這個比喻，故事的聽眾是那些稅吏、罪人、法利賽人和律法師。是誰把這故事向路加轉述呢？我們不清楚。無論是誰，這人肯定很清楚領受到耶穌所顯明的真理，耶穌的「父」的本質和特性。

路加把這三個故事串連在一起，帶出一個主題。那些迷失了的被尋回，歸回原來所屬的，完璧歸趙，破鏡重圓，結果帶來從天上爆發出來的喜樂。第一個比喻，羊群中的一隻羊迷失了，牧羊人去尋找牠，找到了，帶回羊群中。第二個比喻，婦人失掉了她擁有的錢幣，她點上燈到處找，在這額外的燈光照耀下，在漆黑的房子裡找到了。最後一個故事，父親伸出手把兩個迷失了的兒子帶回他的身邊。

三個尋索者，牧羊人、點著了的燈和父親，每一個代表了三一神的一位。牧羊人代表耶穌，那好牧人；婦人手中的燈代表聖靈，光照我們；最後，那位猶太人老當家代表「父」自己。

耶穌的「父」是滿有憐憫的父，賜各樣安慰的神

耶穌透過故事中的父親啟示出他「父」的特性。耶穌常常說：

「『我沒有一件事是憑着自己做的。我說這些話乃是

照着父所教訓我的。』」《約翰福音》 8:28

「『因為我沒有憑着自己講，惟有差我來的父已經給我命令，叫我說甚麼，講甚麼。我也知道他的命令就是永生。故此，我所講的話正是照着父對我所說的。』」《約翰福音》 12:49-50

在這比喻中，他最完全地、最豐富地描繪出「父」。故事中的兩個兒子都以他們自我的方式活著，沒有跟父親有心底裡面的關係。小兒子要求拿到他應得的家產，離開家園，放蕩不羈，花費淨盡一切所有，從來沒有想過父親的感受，就像聽眾當中的稅吏和罪人。另外一個兒子留在家中，做個「好孩子」，做那些「對」的事情，但內心卻是個填不滿的黑洞；他口中向父親說出那番話，卻反映出他內心對父親的不滿、控訴和責備。

「『我服事你這多年，從來沒有違背過你的命，你並沒有給我一隻山羊羔，叫我和朋友一同快樂。但你這個兒子和娼妓吞盡了你的產業，他一來了，你倒為他宰了肥牛犢。』」《路加福音》 15:29-30

聽眾中的法利賽人心中的態度正是如此。他們以奴隸的心去服侍神，害怕會不聽從祂的命令。他們的事奉毫無喜樂，都是冷冰冰的，不是從心底去做，卻是徒有外表的宗教責任。他們鄙視其他沒有像他們有宗教虔誠外表的人，就如那大兒子鄙視他的父親和他寬宏慷慨的心。

故事中的父親對兩個兒子一視同仁，將家產分給他們兩人。根據猶太人的習俗，大兒子應分得三分二的家產，所以父親對他說：「我所有的一切都是你的了。」小兒子回來了，父親跑去看他；

後來大兒子不肯進去一起慶祝弟弟浪子回家，父親也跑去找他；父親對兩個兒子有同樣的心腸，他主動跑到他們那裡。

藉著故事中的父親遠遠看到小兒子回來時的反應舉動，耶穌活生生地描繪出「父神」的心腸。

> 「於是起來，往他父親那裡去。相離還遠，他父親看見，就動了慈心，跑去抱著他的頸項，連連與他親嘴。兒子說：『父親！我得罪了天，又得罪了你；從今以後，我不配稱為你的兒子。』父親卻吩咐僕人說：『把那上好的袍子快拿出來給他穿；把戒指戴在他指頭上；把鞋穿在他腳上； 把那肥牛犢牽來宰了，我們可以吃喝快樂； 因為我這個兒子是死而復活，失而又得的。』他們就快樂起來。」《路加福音》 15:20-24

故事中的父親引頸期盼兒子回來。他一直留心觀看著水平綫上的每一個小點，過去許多日子，這都是過路的人。直到那一天，父親看到遠處的那小點，認得是他的兒子，他一直在期盼著回家的兒子！「父神」心中一直渴望祂的兒女回家，回到祂那裡。在《舊約聖經》中，耶利米先知的話啟示出「父神」心中的渴想：

> 「我說：『我怎樣將你安置在兒女之中， 賜給你美地， 就是萬國中肥美的產業』。 我又說：『你們必稱我為父， 也不再轉去不跟從我。』」《耶利米書》 3:19

自從人類在伊甸園墮落後，神心中渴想要為祂迷失了的孩子們鋪設回家的路。在《創世記》第三章中，神咒詛那蛇說，女人的後裔要傷撒但的頭。耶穌要來粉碎撒但的工作。從開始，神已經預備了這條回家的路。在這比喻中，耶穌描繪出「父」的心，父親迎接

迷失了的兒子回家，代表神在期待迎接全人類回歸。

耶穌說出父親對回歸的兒子心中充滿憐憫。父親遠遠看見兒子回來，便動了慈心。在《出埃及記》中，摩西要求主神向他顯示祂的榮耀。神把摩西藏在磐石洞穴中，神的榮耀經過時用手遮蓋他。然後主神說：

「『耶和華，耶和華，是有憐憫有恩典的神，不輕易發怒，並有豐盛的慈愛和誠實， 為千萬人存留慈愛，赦免罪孽、過犯，和罪惡，萬不以有罪的為無罪，必追討他的罪，自父及子，直到三、四代。』」《出埃及記》 34:6-7

神用「憐憫」形容自己，耶穌在「失兒」的比喻中也同樣形容父親見到兒子後的心情。在《哥林多後書》起頭的讚頌中保羅也用同樣的字眼：

「我們主耶穌基督的父　神是應當稱頌的。他是滿有憐憫的父，賜各樣安慰的神。 我們在一切患難中，神都安慰我們，使我們能用他所賜的安慰，去安慰那些在各樣患難中的人。」《哥林多後書》 1:3-4 《聖經新譯本》

耶穌特意啟示出父親滿了憐憫慈心，主動跑去迎接兒子。耶穌的「父」是滿有憐憫的「父」，賜安慰的神。祂是憐憫的源頭，安慰的速遞員。故事中的父親出去安慰他的兒子。

父親竭力拖著那老化了的身軀，朝著兒子的方向跑，要在其他人以先跑到兒子那裡。當然這不過是個故事，不需要太著意去分析。但故事中最傳神的地方是父親非常主動地跑去迎接在回

家路上的兒子。我們可能在想:「父親還不知道兒子在外放蕩浪費了所有家產,所以才急不及待地去迎接他吧!」我們不用想得太多了,故事的要點是父親急不及待兒子回到家中,他老人家要跑去到兒子那裡!

我還記得有一次我兒子在外面闖了禍,正在回家途中,我一臉不滿的表情,站在門口等他回來,讓他更深體會到我的不滿,要向他大興問罪之師!故事中的父親卻不是這樣。那父親代表父神跑來歡迎我們歸家,當祂看見我們心裡有一點點回心轉意,便趕緊跑到我們身邊,心中滿有憐憫,來安慰那焦頭爛額、歷盡滄桑的孩子。

故事的聽眾最初可能覺得這位猶太人家庭的老當家,親身跑去迎接這個浪子,太不合體統了!耶穌不是說神像個猶太老當家,他卻是要刻劃出神是那位熱情澎湃、張開雙手歡迎孩子回家的「父」。

這個含意豐富的比喻引發了許多人不同的迴響。亨利‧盧雲(Henri Nouwen)取題於在俄羅斯聖彼得堡的冬宮博物館(Hermitage Museum)牆上掛著倫布蘭特(Rembrandt)的名畫,寫了《浪子回頭》 The Return of the Prodigal 這本好書。書的封面印上了這幅倫布蘭特的名畫。我很喜歡看這本書,推薦給你。在這油畫中,父親在擁抱兒子,旁邊圍著故事中各個人物角色。但我不覺得這是耶穌描繪的情景,因為父親跑去迎接擁抱兒子,在家外面與兒子相會。他們父子兩人單獨在野外重逢、復和。兒子可能是蓬頭垢面,滿面羞愧,深感遺憾和失敗沮喪。他帶著內心的罪咎感,自覺不配作兒子,準備好要對父親說的一番話。

在這處，比喻瀰漫著那濃郁的氣味，從「父」心中散發出來饒恕和關懷的氣味。兒子很後悔，想要說出準備好了的一番話。但他還來不及開口，父親先跑來擁抱著他，連連跟他親嘴。這是父親熱情的擁抱，不是那禮貌式的見面禮。這是父親對兒子那強烈、歡迎和熱情的反應。這會面和擁抱場景的高潮，是父親給兒子的親吻。

《舊約聖經》中有很多父親給兒子親嘴的場景，都帶著深厚的意思。《創世記》27:27 中，以撒與他兒子雅各親嘴；《創世記》29:13 中拉班跟雅各親嘴，歡迎雅各進入他的家。濶別多年後，以掃和雅各重逢，彼此親嘴。

「以掃跑來迎接他，將他抱住，又摟着他的頸項，與他親嘴，兩個人就哭了。」《創世記》 33:4

耶穌的聽眾都會很熟悉這些故事和其中復和的場景。這些親嘴的景象都活現在耶穌所講的比喻中，象徵著接納、復和。

故事中，父親在兒子臉上的親吻是接納他最強烈的表示。「父神」以愛和接納的親吻來歡迎祂的兒女回家。神接納的親吻引發了我們向祂敬拜。希臘文「敬拜」 proskuneo 的意思是「向（祂）親嘴」。在敬拜中，因祂給我們那接納的吻，我們向「父」回送我們向祂的親吻。耶穌說過，「父」正在尋找這樣的敬拜者。

在父親的擁抱中，兒子開始說出他預備好了的一番話。他真的知道自己的罪過和失敗。他得罪了父親，也得罪了「天」，就是神。罪不單只使我們與我們所冒犯的人分隔，也與天上的神分隔。兒子跟著的話也表達了我們對神、對自己，那破碎和墮落後的看法。他說：「『父親！我得罪了天，又得罪了你；從今以後，我不配稱為

你的兒子。』」《路加福音》 15:21

　　講故事大師耶穌口中說出這番話，一語道破我們面對罪和失敗時的感受。我們覺得不配，相信那謊話，以為因為我們的罪和破碎，我們已經被神取消了資格。我們這個心態可以追溯至伊甸園的時候。犯罪和失敗的亞當不再看神是他的「父」，把自己對神破碎的形象投射在神的面上，神變得很可怕，他要躲避神。自此之後，全人類都這樣回應神。在耶穌的故事中，出自那兒子口中的這番話，反映出我們對神的看法是何等的扭曲錯謬。

　　兒子還未說他最後的一句話，要請求作個父親的僕人，父親的僕人跑到來了，父親立即叫他們趕快把那最好的袍子拿來給兒子穿上。那兒子從遠方歸來，失去了一切，身無長物。他替人看豬，餓得連豬的飼料都想吃。他疲累不堪、污穢、滿身豬臭、滿心羞愧，期待著要來的拒絕和更多的羞辱。父親卻用那最好的袍子來遮蓋他的污穢和失敗。那可能是父親自己的袍子，父親不想別人看到他兒子的破碎和羞辱，用自己最好的來遮蓋他。不單只遮蓋他身體的污穢，也遮蓋他心中的羞愧。他想要兒子以最好的形象回到家中。在這裡表達出父親對兒子的心腸。看啊，父何等的愛！

　　我們這些迷途的兒女回心轉意要回家的時候，父神也這樣待我們。在故事中，耶穌用他精心挑選的話來形容他的「父」。他要我們知道「父」心中對我們那滿有憐憫的愛。我們對神的害怕和恐懼，弄瞎了我們的心眼，誤以為神是駭人的、是有數不盡的要求和嚴厲審判的。耶穌所啟示的「父」卻是那麼截然不同。

　　在故事中，父親遮蓋了兒子的羞恥。

　　然後，父親叫人把指環帶在兒子手上。兒子可能在他放蕩不

羈的日子，失去或者賣掉了他作為兒子印記的指環。他真的是兩手空空地回來。在故事中，耶穌用指環作一個的強烈象徵，只有帶著那指環，兒子和產業承受人才可以公開宣告他兒子的地位。父親所作的是把兒子重新放置和建立在家庭和家業中的合法地位。父親把指環帶在兒子手上，公開宣告他是父親的愛子。

《新約聖經》中希臘文，uiothesia，意思是「放置在兒子的位份中」，常常被誤譯作「收養」，這正是故事中父親對兒子所作的。這個字在《加拉太書》4:5，《羅馬書》8:14 和其他三處常被翻譯成為「收養」 adopted。早期聖經翻譯者找不到適當的英文辭語來表達這個法律身份，就用了「收養」adopted 這個字。在經文的脈絡中表達出，藉著救贖，我們成為神的兒子，結果我們被放置在「神的兒子」這個新的位置中，故事中的父親所作的正是如此。這個兒子原來已經是他的兒子，他不可能收養他，父親卻迎接兒子回家，以兒子身份的指環為證物，重新把他放置在家作兒子的位份中。保羅在《加拉太書》和《羅馬書》所用的字，也正是這個意思。父神藉著救贖把我們從黑暗的國度中拯救出來，把我們放置在我們原來應該有的位份中，就是那自從墮落時便失去了的「兒子的位份」。

「他救了我們脫離黑暗的權勢，把我們遷到他愛子的國裡； 我們在愛子裡得蒙救贖，罪過得以赦免。」《歌羅西書》 1:13-14

保羅在《加拉太書》中寫出我們蒙救贖之後的情況。我們被放置回到我們原本應有的位份中，作兒子。

「及至時候滿足，神就差遣他的兒子，為女子所生，

且生在律法以下，要把律法以下的人贖出來，叫我們得着兒子的名分（uiothesia）。」《加拉太書》4:4-5

又說：

「你們領受的聖靈，並不使人成為奴隸而懼怕；相反，你們領受的聖靈，使人得到兒子的名分（uiothesia）」《羅馬書》8:15《環球聖經譯本》

正如故事中的兒子，我們始終都是神的後裔，當我們藉著耶穌的寶血得蒙救贖，回歸到神那裡，以祂為「父」，我們重新被置於兒子的位份中。

指環之後是一雙新鞋子。兒子是穿鞋子的，奴隸和僕人是赤著腳走的；父親要兒子的腳穿上鞋子，父親的心意是要人公開清楚看到兒子已經重拾他在家的身份和地位，叫人無可置疑地知道兒子已經被接納和重拾他生命的所屬。

聽眾中的那些法利賽人，他們一定聽得懂這故事。那法利賽人西門親眼看到耶穌就是這樣待人，他看到耶穌醫治那癱子，按照法利賽人的思維，這人的殘疾是由於他的罪，神在懲罰他，耶穌卻赦免了他的罪；那膏耶穌的女人的罪也得蒙赦免。耶穌所啟示的「父」是赦免和救贖的神，祂重整失喪的生命，使他們歸回到原本所屬的位置，作祂蒙愛、珍貴的兒女。

歡樂的「父」喜樂盈盈

故事的聽眾一定會感受到耶穌所描繪的父親是何等的慷慨

和喜樂。他帶那被重新建立的兒子回到家中，設宴大事慶祝。他的喜悅散發到整個家中，他叫人把那肥牛宰了大吃一頓。不是任何一隻山羊或是羊羔，而是他所有中最好的那隻肥牛，是留給最大的慶典時才享用的。難怪大兒子聽到音樂、看到跳舞和聞到燒烤的香氣時不肯進去。他其實也像他弟弟一樣滿身傷痕，心靈破碎。他正像那些法利賽人。

故事中那父親心中的喜悅，耶穌自己知道和經歷過。那父親說：

「『只是你這個兄弟是死而復活、失而又得的，所以我們理當歡喜快樂。』」《路加福音》 15:32

失而復得的兒子回到他身邊，他快樂得再按不住了，一定要盡情慶祝。這跟猶太人敬拜的對象，那駭人和憤怒的神真是有天淵之別！他們相信那駭人的神擺佈了陷阱，時刻都在找他們的錯處，懲罰他們。這就是法利賽人西門一直以來事奉、為祂而活的神。因此耶穌的啟示帶給他很大挑戰。耶穌把傳統亞當式的看法翻轉過來，他們和我們所有人還沒有認識神是我們真正的「父」之前，都困在這個思維的死胡同裡。

耶穌啟示的神是我們的神、是在永恆的愛和喜樂中連結一起的三一真神，聖父、聖子、聖靈。在福音書中耶穌啟示的「父」是一位歡樂的「父」，喜悅祂的兒子和孩子們。

路加似乎有見於此，記錄了耶穌的話，表明這真理。那七十二個人出去傳道後歡喜快樂回來，耶穌也歡樂，對他們說：

「正當那時，耶穌被聖靈感動就歡樂，說：『父啊，天

地的主，我感謝你！因為你將這些事向聰明通達人就藏起來，向嬰孩就顯出來。父啊！是的，因為你的美意本是如此。』」《路加福音》 10:21

然後，他召集門徒聚在一起，對他們說：

「你們這小羣，不要懼怕，因為你們的父樂意把國賜給你們。」《路加福音》 12:32

在《路加福音》十五章，耶穌三個比喻中的喜樂一個比一個來得澎湃。一百隻羊中有一隻迷失了，牧羊人找到牠之後歡喜快樂；婦人失去了十個銀子中的一個，找到後在家舉行慶祝會；最後，父親得回他失去的兒子後歡喜快樂，設宴舉家歡騰。

耶穌啟示他的「父」是喜樂盈盈的「父」，很享受家裡的慶祝大會。

第八位講故事的人

尼哥德慕
公會的人

「我從最初的日子，一直在追尋真理。我在耶路撒冷長大，追求認識有關主神（Adonai）的真理，於是成為了法利賽人。我閱讀研究《摩西五經律法書》，立志按照其中的誡命去活。我們法利賽人都熱愛以色列，渴望有一天我們的國土脫離羅馬人的手，重獲自由。耶路撒冷到處都是法利賽人，也有撒都該人。他們跟我們不同。他們代表以色列的管治階層，當中也有祭司階級和社會中的上流人士。據我的愚見，他們為了私利求保存現狀，出賣了自己給羅馬人。

我以前是個法利賽人。我被選入管治耶路撒冷城的公會中，所以知道許多內幕消息。耶路撒冷不單是個宗教中心，同時也是個政治性的城市，任何挑戰現狀的人都被嚴密監視。當施洗約翰在約但河出現時，消息很快便傳到耶路撒冷。我們便派人去調查他的講論，我也去過一次。他竟稱我們為毒蛇的種類，嘩眾取寵！有些人聽到他這樣叫我們法利賽人，還拍掌歡呼呢！但當他批判的指頭指向希律和他的家人後，他就大禍臨頭，日子無多了。

讓我轉到另一個人身上。大約同時，我又聽聞在加利利最近有個自稱是彌賽亞的人。我不以為然，因為時不時都有些狂人出來自稱是彌賽亞。但很快地，他人氣急升，人人都在講論他。他來自拿撒勒，我的朋友拿但業竟然是他的追隨者，連他自己也意料不到，他甚至常常告訴我們，他第一次見到此人的反應，說：『拿撒勒出來那有甚麼好東西啊！』但是耶穌此人卻與眾不同。他治病的故事到處流傳，我們當然也派人去調查真相。回來的報告很參差，有報告說他說話有權柄，是他們從未聽過的；也有報告卻說他是鬼王別西卜的兒子！可以肯定的是這個拿撒勒人耶穌很分化人，幾乎沒有中間「騎牆派」的人。

有一次他來到耶路撒冷，我去聽他講話。我簡直目定口呆，他說話的方式是我從來沒有聽過的，他講的時候我覺得他是在對著我說。有一次，我眨眼間接觸到他的目光，感覺到他看透了我心靈的深處，我眼中不期然湧出淚水來。此刻，我知道我要去找他單獨相聚交談，於是我便託我朋友拿但業安排跟他會面。我不想在人多擁擠的時候，於是就選擇在晚上入黑時才去找他。其實，我是不想別人知道我去跟他會面。

那天晚上，我去見耶穌。我告訴他我知道他是從神來的拉比教師，因為如果不是神與他同在，沒有人可以作他所作的神蹟奇事。我不是要誇獎討好他，卻是真心說的。

耶穌熱誠地望著我，說他也是真心說的；然後便對我說人若不重生不得見神的國。他毫不轉彎抹角，單刀直入。我問他人老了，怎能重生呢？我看不到我們怎麼可以回到母親腹中再來一次！

耶穌神神秘秘地說：『我實實在在地告訴你，人若不是從水

和聖靈生的, 就不能進神的國。 從肉身生的就是肉身; 從靈生的就是靈。 我說:"你們必須重生", 你不要以為希奇。 風隨著意思吹, 你聽見風的響聲, 卻不曉得從哪裡來, 往那裡去; 凡從聖靈生的, 也是如此。』

我不明白怎可能有這樣的事, 便請他再解釋。他反問我既然是以色列的師傅為何不明白呢? 又說:『我實實在在地告訴你, 我們所說的是我們知道的; 我們所見證的是我們見過的; 你們卻不領受我們的見證。 我對你們說地上的事, 你們尚且不信, 若說天上的事, 如何能信呢? 除了從天降下、仍舊在天的人子, 沒有人升過天。 摩西在曠野怎樣舉蛇, 人子也必照樣被舉起來, 叫一切信他的都得永生 。』

他繼續說:『神愛世人, 甚至將他的獨生子賜給他們, 叫一切信他的, 不致滅亡, 反得永生。』我聽到後很希奇, 我從來未想過神這樣愛世人的。他似乎在說他就是這位兒子! 這時我了解為何有人控訴他褻瀆神了。他又說:『因為神差他的兒子降世, 不是要定世人的罪 , 乃是要叫世人因他得救。 信他的人, 不被定罪; 不信的人, 罪已經定了, 因為他不信神獨生子的名。 』他跟著判決說, 人愛黑暗不愛光, 因為他們的行為是惡的。一切作惡的人都恨光, 不願意就近光, 怕他們的惡行被顯露無遺; 但行真理的必來就光, 要顯明他所行的是行在神面前。從來沒有人這樣跟我說話的。那天晚上, 我跟他談天說地, 但這個話題卻銘刻我心。

我離開他返到家中, 我感到我再不一樣了! 我把他的話在心中反覆思量了好幾天。此後幾個月, 他來到耶路撒冷好幾次, 我儘可能每次都去聽他講話。我把這幾個月在這裡發生的事都告訴西庇太的兒子約翰, 他將這一切事都記錄在有關耶穌一生的書內。

到了後來，形勢變得很凶險，我們這邊的人都在密謀找把柄陷害他，最後還計劃要捉拿他，控告他褻瀆神。公會和祭司們都不想知道事情真相和耶穌的真正身份，漠視擺在他們眼前的證據。但我們中間有些人卻相信他真的是那彌賽亞。

有一次耶穌在過節時來到耶路撒冷，他所到之處，群眾都在談論他。當大祭司和法利賽人的領袖聽到群眾都在說他就是那彌賽亞，便決定差聖殿的守衛去捉拿他。在節期最後的一天，也是最大的一天，耶穌在聖殿的群眾當中站起來，高聲地說話，好叫所有人都聽到。他大聲地說：『人若渴了，可以到我這裡來喝。信我的人就如經上所說："從他腹中要流出活水的江河來。"』那時我們都不明白他的意思，現在明白了，他是指凡信他的人都領受的聖靈。那時耶穌還未死，還未復活，聖靈還未降臨。直到五旬節那天我才明白活水江河的意思。

聽到他的話，群眾議論紛紛。有人說他是那位先知，有人說他是那彌賽亞。有人又說彌賽亞怎麼會是從加利利出來的呢？他們認為聖經說彌賽亞是大衛的後裔，是從大衛的家鄉伯利恆出來的。眾人對耶穌意見分歧。有人想要捉拿他，但卻沒有下手。關於耶穌的出生地，我的朋友拿但業也曾因他是拿撒勒人而看不起他！我後來才發現他原來是在伯利恆出生的呢！

終於，那些大祭司和法利賽人差去的殿衛沒有捉拿耶穌，空手而歸。公會的人很憤怒，質問殿衛為何沒有拿耶穌。

殿衛戰戰兢兢地說，他們從來沒有見過有人像他那樣說話的。法利賽人很不高興，其中一個領袖還大聲責備他們說：『你們也受了迷惑嗎？官長或是法利賽人豈有信他的呢？但這些不明

白律法的百姓是被咒詛的!』

這太過份了, 終於我站起來為耶穌說句公道話:『不先聽本人的口供, 不知道他所做的事, 難道我們的律法還定他的罪嗎?』 他們轉過來針對我說:『你也是出於加利利嗎? 你且去查考, 就可知道 加利利沒有出過先知。』

耶穌似乎故意忽略一些我們謹守的律法, 例如在安息日作工, 觸犯了我們的規矩。於是公會便因他在安息日作工, 開始控訴逼迫他。耶穌自辯回答說:『我父做事直到如今, 我也做事。』

因此他們越發要殺他, 在他們眼中, 他不單只不守安息日的規定, 更稱神為他的父, 將自己跟神看成同等, 他褻瀆神。

耶穌回答他們說:『我實實在在地告訴你們, 子憑着自己不能做甚麼, 惟有看見父所做的, 子才能做; 父所做的事, 子也照樣做。 父愛子, 將自己所做的一切事指給他看, 還要將比這更大的事指給他看, 叫你們希奇。 父怎樣叫死人起來, 使他們活着, 子也照樣隨自己的意思使人活着。 父不審判甚麼人, 乃將審判的事全交與子, 叫人都尊敬子如同尊敬父一樣。不尊敬子的, 就是不尊敬差子來的父。』我把大部份這些事都告訴約翰, 他很忠誠地、隻字不漏的記錄下來。

有一天清早耶穌來到殿的院子內, 眾人圍著他, 他便坐在他們中間教訓人。那次他們所作的真令我嘔心, 深感羞愧。律法師和一些法利賽人帶來一個行淫的女人, 一大清早把她從行淫的床上抓來, 站在他們面前。他們對耶穌說:『夫子, 這婦人是正行淫之時被拿的。 摩西在律法上吩咐我們把這樣的婦人用石頭打死。你說該把她怎麼樣呢?』

他們用這個問題來試探耶穌，要得着控告他的把柄。耶穌卻彎着腰，用指頭在地上畫字。他們還是不住地問他，耶穌就直起腰來，對他們說：『你們中間誰是沒有罪的，誰就可以先拿石頭打她。』於是又彎着腰，用指頭在地上畫字。他們聽見這話，就從老到少，一個一個地都出去了，只剩下耶穌一人，還有那婦人仍然站在當中。耶穌就直起腰來，問那女人控訴她人在哪裡呢？沒有人定你的罪嗎？

她看著他說沒有。耶穌說：『我也不定你的罪。去吧，從此不要再犯罪了！』

從那天起，我再不是法利賽人了。我掙扎了好一段時間才離開他們，但我心中知道我再不要跟他們這些惡人再有瓜葛。我想作他的跟隨者，但我卻很害怕。

以後好幾個月，每次耶穌在耶路撒冷講話都引起很大哄動。有時他們要用石頭打死他，但他不知怎麼樣可以在群眾中消失了。最後，耶穌回到約但河對岸，昔日約翰為他施洗的地方，許多人去到他那裡。他們說雖然約翰沒有行過一個神蹟，但他所說有關耶穌的話都是真的。那時，許多人相信了耶穌。

最近一次耶穌來到耶路撒冷，他途中停留在伯特利。我們聽到耶穌去到拉撒路的家中，他剛剛死了。全城都在流傳著這消息，耶穌在那裡停留，拉撒路已經在墳墓裡四天了，他叫拉撒路從死裡復活！公會因此召開特別會議，我也出席，原來他們計劃要將耶穌幹掉，永遠再不要聽到他的聲音！我真的不敢相信，耶穌的近身追隨者中的一個人竟然自己出來要把他出賣，交給我們來審問他。我們還在開會中，有人傳來訊息，耶穌要進城來了，有一

大群人擁著他。撒都該人很害怕羅馬人以為這是叛亂,派兵來平亂,又要血灑耶城了。我們急忙散會出去看過究竟!我和我的朋友,亞利馬太人約瑟一起,他也是個耶穌的秘密門徒。我們隨著人群出去到城門,看到他和一大隊門徒正走進城。看來這不像是動亂,不過到處都有破壞。眾人摘下棕樹的枝子,用我們古老希伯來話喊叫著說『和撒那』,就是『拯救我們』的意思。我又聽到他們說:『稱頌那奉主名來的!稱頌以色列的王!』

　　我期待會看見耶穌騎著馬,帶著有一群武裝義士進來。出乎我意料之外,他竟是騎著一隻驢駒子,帶著一群小孩子和快樂地唱著歌的人進城。他們稱耶穌是以色列的王倒叫我很驚惶,今次出事了!撒都該人和祭司們才不要王呢!他們很滿意現在羅馬人的統治。他們還記得那暴君希律,不要再來一個像他的王。耶穌叫拉撒路從墳墓中復活的消息傳遍全城,群眾都擁出來看他。跟我一起的法利賽人彼此說眾人都跟隨他去了,對他們形勢不利。

　　唉,你都知道週末發生的事吧!我連提起都傷痛極了,讓別人告訴你吧!我感到很羞愧沒有站出來阻止公會捉拿審問他,我從未想到他們會這般趕盡殺絕。以他自稱是王的罪名,他們把他送到彼拉多衙前,他這次劫數難逃了,但我卻萬料不到他會被釘十字架。

　　我走到城外的刑場去,那稱為『髑髏地』的地方。那裡有一大群人,大多數是好奇去觀看的人,只有心理變態的人才會去觀賞這樣殘忍無人道的酷刑。我看到一班在公會的同僚聚集在一起,邊看邊譏笑自娛,叫我震驚不已!我不跟他們一起,他們的所作所為實在令我髮指和嘔心。他被掛在十字架上,他們還向他呼喝,出言侮辱譏諷他。他說了些話,我聽不到他說甚麼,他們卻更加大聲地譏笑他。

我也看到有幾個從加利利來跟隨他的人在場,有那年青人西庇太的兒子約翰和他母親撒羅米。耶穌的母親竟然也在場,她極度傷心,靠著她的姊姊撒羅米哭。他們在十字架下圍在一起,還有其他幾個婦女在他們中間,其中一人是我朋友革羅罷的妻子馬利亞。那些所謂的門徒卻沒有一個在場。我不清楚他們的情況,可能也被捉拿了吧!我遠離他們,獨自用手掩著臉坐在一塊石頭上。他這兩三年前對我說的話我一直沒有忘記,『父』差祂的兒子來到世上,因為祂很愛世上的人。現在『父』一定很憎恨世人了,因為他們竟然這樣對待祂的兒子。我也記得他說過:『光來到世上,但是人愛黑暗不愛光,因為他們所作的是邪惡。』現在他們所作的真的是邪惡。他也曾說:『摩西在曠野舉蛇,人子也要被舉起來,叫一切相信他的人得永生。』忽然,有一個意念刺透我心。他此刻正是被舉起來了!所有仰望摩西舉起的銅蛇都得到醫治。他在望著我,那以前看透我心的眼睛,又再望著我。那一刻,我知道他真是神的兒子,我相信他。他雙眼深情地望著我,看來⋯似乎在向我說,他愛我。雖然我的雙眼已經哭得紅腫了,但他的目光卻在我的心中燃起一份難以言喻的溫暖。他轉眼向著約翰,跟他和他的母親說了些話。

我發覺有人在我身旁站著,原來是那主持釘十字架的羅馬百夫長。我認識他,以前在彼拉多官衙舉行的民間典禮中見過他。他原本是駐守在加利利兵營的,傳聞他的僕人病了得耶穌醫治。我想有人特意難為他,派他負責釘耶穌在十字架上。我們四目相投,他面容扭曲,一臉悲痛、羞愧、憤怒和憂愁。我伸手握著他,對他說:『他真是神的兒子,你知道嘛?』他望著我,點頭說;『我知道!我們所作的是甚麼啊?』

忽然,十字架上傳來大聲的喊叫,把我們嚇了一跳。所有人都

轉過身來向那方看，連那些公會的人和祭司都目瞪口呆。我聽不清楚他說的話，好像是：『成了！』，然後又說：『父啊！我將我的靈魂交在你手裡。』他便低頭斷氣死了。正在此時，地大震動，眾人驚嚇尖叫，有些人跌倒在地上。剛才站在我身旁的百夫長大聲說：『這人真是神的兒子！』他周圍的人和士兵都看著他。有一個祭司聽到這話，便向他吐唾沫，說他是褻瀆神的羅馬豬，跟著跑下山走了。

時間已晚，安息日將臨，我知道如果不把耶穌的身體取下來安葬，便會一整天被留在十字架上。我走去跟約翰和那婦人商量，說我可以幫忙去取得許可，把耶穌身體取下來安葬。我鼓起勇氣，找到我的朋友約瑟，一起去到羅馬巡撫彼拉多那裡，求他准許我們取下耶穌的身體來埋葬。約瑟像我一樣因為害怕猶太人的領袖，秘密地跟從耶穌。當我們到達巡撫的宮殿時，踫到那位在『髑髏地』見過的百夫長，剛剛從巡撫衙門出來。他告訴我們他剛剛給巡撫報告了耶穌的死訊，現在要回到刑場指令士兵幹掉其他兩個罪犯，打斷他們的腿。

我們進去找彼拉多，看見他在跟他的妻子說話，她看來很不高興，他們似乎在爭吵中。他問我們有何請求。我們申報請求後，他看來如釋重負。他妻子轉身向我們走過來，叫我們稍候片刻，然後跑去拿來一大瓶的沒藥和沉香給我們，對我們說：『這是至少我還可以為他作的。』然後向彼拉多狠狠地瞪了一眼，便離開房子，彼拉多好像快要崩潰似的。

得到彼拉多的准許後，我們回去取了耶穌的身體。我帶同那些沒藥和沉香，加上其他的香料，一共約有三十多公斤，我們兩個人一起拿著去埋葬耶穌。跟那些婦女一起，我們按照習俗，用這些香料膏耶穌的身體，再加上細麻布條裹著。離開耶穌釘十字

架的地方不遠, 有個園子, 裡面有個新的墳墓, 是從來沒有埋葬過人的。那天是預備日, 墳墓又在附近, 我們便把他葬在那裡。約翰的母親和耶穌的母親幫我們辦理安葬的事後離去了, 跟她們一起還有其他兩個婦女, 一個是我朋友革羅罷的妻子馬利亞, 另外一個是加利利抹大拉的馬利亞; 她們留下來等待我們, 都見到我們在那裡安放耶穌的身體。

此後發生的事你知道了吧! 其他的人會告訴你。至於我自己, 五旬節那天我跟其他的人一起, 聖靈降臨在我們身上時, 我也在場。從此以後, 我一直跟隨著『那道』。」

《新約聖經》中的尼哥德慕

在聖經以外, 我們沒有關於此人的資料, 只是在《約翰福音》中提到他三次。東正教會封他為聖尼哥德慕, 卻沒有關於他的傳統。四世紀時出現了一本《尼哥德慕福音》, 內容缺乏重要性和真確性。

全部有關他的資料都記在《約翰福音》中。《約翰福音》後半部的記載都發生在耶路撒冷城和附近的地方。在這福音書被提名報導的人都住在城內和鄰近地方, 包括伯特利的拉撒路和他的兩位姊妹, 亞利馬太人約瑟, 尼哥德慕和其他的人。聖經學者廣泛地相信, 約翰記載耶穌多次進耶路撒冷的事件時, 是採用很多這些在場目擊證人的資料。

路加對在加利利的法利賽人似乎很認識，但在耶路撒冷，法利賽人對耶穌的反應卻是很敵對和激烈。尼哥德慕顯然是個例外，他被形容是管治耶路撒冷的公會成員。尼哥德慕很有可能提供給約翰很多內幕資料，是有關公會的人對耶穌所言所行的意見，和他們對耶穌的反應、計謀和安排。跟其他福音書一樣，我們可以聽到目擊證人的聲音，向我們述說這些事情的始末。

「父」神愛世上所有的人

　　除了約翰在他的福音書中的記載外，我們對尼哥德慕一無所知，想他是早期教會成員之一。聖經中記載他一個人夜裡來見耶穌的事件成為了家傳戶曉、最多人引用的經文。耶穌向尼哥德慕啟示那最令人驚訝的真理，只有尼哥德慕親耳聽到這些話。對法利賽人尼哥德慕來說，這是他最意想不到的真理。這個猶太人的宗教領袖，窮一生去遵守律法的要求，想不到這位不學無術拿撒勒的木匠竟然能夠那麼特別地吸引他，觸摸到他的內心世界。

　　尼哥德慕沒有阿諛奉承耶穌，他只是按照聖靈在他心中的啟示，口中說出耶穌是位教師，從神而來的拉比。他們所有法利賽人都不認識神是「父」。他們眼中的神是駭人和憤怒的神，要求人順服和絕對遵從那沒有可能完全遵守的律法。他們嘗試遵守所有規例，千方百計去尋找法例的漏洞來避過這些他們自己也不能守的規例，是眾所皆知的偽君子。他們渴想見到神的國度建立在以色列，但卻只知道要嚴守律法。像亞當一樣，他們懼怕神；他們用世上最堂皇的無花果葉「宗教」，來遮蓋他們的赤身露體。他們成為了裝假大師，躲在宗教的面具後面，害怕見到神的面。

　　耶穌對尼哥德慕說的話，直透進他的內心深處，觸摸到他心

底最大的渴慕。耶穌說人若要認識「父」的愛、神的國度，必須先重生。他最初的反應是從頭腦的反應，不是從心而出的，是按照法利賽人方式的反應。他問耶穌說人已經老了，怎能重生呢？他用頭腦嘗試去了解，沒有用心靈的眼睛去看；用那按照墮落後亞當思維的眼睛去嘗試了解。耶穌想要打開尼哥德慕心靈的眼睛，從屬天的角度去看，不要從墮落屬地的角度去看，耶穌用聖靈的語言來回答他。他講到的重生是聖靈裡的重生，不是肉身的重生。尼哥德慕面對的挑戰是看不到真理，因為他用法利賽人的思維來看耶穌講說屬天的事，難怪他在掙扎，很難相信接受。

耶穌繼續直接向尼哥德慕的心說話，吸引他去到那得啟示的地方。在那晚上交談中，耶穌要啟示世界歷史最令人驚訝的宣言，這句話我們現在都聽得耳熟能詳。對許多人來說，這句話是進入他們個人遇見神的門，是他們個人屬靈生命更新的最偉大的一刻，從神的靈重生了！我們大部分人都認識這句話，往往喜愛和聚焦在後半部的話。當然，這句宣言是：

「神愛世人，甚至將他的獨生子賜給他們，叫一切信他的，不致滅亡，反得永生。」《約翰福音》3:16

我們聚焦在後半部，藉相信耶穌我們得永生。這被視為整個基督教訊息的總歸，是福音的核心。這裡真的包含了許多真理，但這只是宣言的第二部份。耶穌所說的這句話中，第二部份是完全基於句子的第一部份。在這宣言的前半部，耶穌告訴尼哥德慕：神，他的「父」真的真的愛世人。

神的兒子來到世上要拯救人，賜我們永生，完全因為「父」愛世上所有的人。從啟示中我們知道「父」自創世以前一直持久地愛

世人。祂不單單愛那些宗教人仕、那些尋求祂的人或是回應祂的人；祂愛所有的人，無論是相信祂或是不相信祂的人。

保羅在雅典的亞略·巴古向一群異教的希臘哲學家說話，引用希臘哲學家和詩人的話說：

「我們生活、動作、存留，都在乎他。就如你們作詩的，有人說：『我們也是他所生的。』 我們既是神所生的，就不當以為神的神性像人用手藝、心思所雕刻的金、銀、石。」《使徒行傳》 17:28-29

很希奇地，透過保羅的口，異教詩人的詩詞思想竟然變成了神的說話記錄在《新約聖經》中。「我們是神所生的」意思就是所有人類都是神所生的，祂所創造的孩子。不是一些神祇普世地要叫人受孕而生，卻是慈愛的創造主神的作為，祂被揭示是「父」。《約翰福音》這經文不是說我們被拯救和重生之後，神才成為我們的「父」。這不是「收養」，卻是神預先安排好的計劃，慈愛的父要帶他所有迷失了的後裔回家，好叫他們重新認識和復得他們作兒子的位份和全部的權益。在我們能夠信祂、愛祂、認識祂和接納祂兒子帶來的救恩之前，「父」先愛我們。這位愛全人類的神，藉著聖子耶穌來到世上，完全是因著祂的愛。「父」愛墮落、破碎和叛逆的世人，差祂的兒子來拯救他們，給他們帶來新生。

這樣對「父」的描寫給這句宣告帶來全新的啟示。祂是熱愛我們的「父」，祂不袖手旁觀，卻差祂的獨生子來到世上死了，為要帶領我們回到跟祂的關係中。那天晚上，耶穌首次宣佈這特別宣告，「神愛世人」。故事和啟示一幕一幕的揭開，使用我們更深體會到父神對我們的心懷意念。「父」熱愛祂的孩子、祂所生的，

我們在創世之前已被命定作祂的兒女。耶穌在《約翰福音》十七章, 在他那大祭司般的禱告中再次說到永生; 他說:

> 「認識你－獨一的真神, 並且認識你所差來的耶穌基督, 這就是永生。」《約翰福音》17:3

永生是認識「父」和祂差到世上來的聖子耶穌。

耶穌耐心教導和指引門徒, 向他們啟示父神愛的心腸。耶穌自己愛他們, 他是照著看見父怎樣作去作。在那樓房吃最後的晚餐的時候, 耶穌對門徒說:

> 「我愛你們, 正如父愛我一樣; 你們要常在我的愛裡。」《約翰福音》 15:9

耶穌待門徒如父親待兒女一樣,「父」怎麼愛他, 他照樣愛他們, 叫他們認識到這愛。耶穌所愛的門徒約翰, 走到他人生旅程末段時, 在《約翰壹書》4:16 以非常簡單精彩的宣言總結了這偉大的真理:

> 「親愛的弟兄啊, 我們應當彼此相愛, 因為愛是從神來的。凡有愛心的, 都是由神而生, 並且認識神。 沒有愛心的, 就不認識神, 因為神就是愛。 神差他獨生子到世間來, 使我們藉着他得生, 神愛我們的心在此就顯明了。 不是我們愛神, 乃是神愛我們, 差他的兒子為我們的罪作了挽回祭, 這就是愛了。 親愛的 弟兄啊, 神既是這樣愛我們, 我們也當彼此相愛。 從來沒有人見過神, 我們若彼此相愛, 神就住在我們裡面, 愛他的心在我們裡面得以完全了。」《約翰壹書》 4:7-12

第九位講故事的人

雙胞胎的多馬

「如果你是雙胞胎中的一個,『雙胞胎』的標籤會一生常常隨著你, 好像你沒有你獨特的個性似的。我們雙胞胎兩人一起長大, 但卻有很大分別。我有我自己的思維, 自少就決定不會輕易按外表相信任何事物。縱然我雙胞胎的另一半有某些見解, 我卻未必認同。我長大後有我另外一個獨特標記, 就是『言人之所不敢言』。我倒喜歡這個標記, 但我自己都留意到我有時候會有點兒憤世嫉俗和對人對事有懷疑不信的傾向。

我的朋友拿但業也有點兒這樣。他是耶穌的跟隨者, 當別人告訴他拿撒勒人耶穌是彌賽亞時, 他的評語是:『拿撒勒出來的還有甚麼好東西呢?』這真的很經典, 我也忍不住笑出來, 這話很真啊! 拿撒勒這地方真的很垃圾。後來我自己終於有幸遇到這位所謂的『彌賽亞』, 從見到他的那一刻, 我便知道我的人生不再一樣了。他真的給我一個很深刻的印象。那些拉比大多都是花言巧語, 講的卻是一大堆垃圾, 跟他有天淵之別。

他說話直接了當, 有時候都不單只是憤世嫉俗, 甚至毫不客

氣，有點兒無禮呢！他對那些法利賽人的評語簡直是極品，他稱他們為『粉飾的墳墓』，令我感到很爽，眾人也有同感呢！

他對法利賽人和那些宗教尖子們不斷地批評，終於爆發了公開的衝突。有些時候，我肯定相信他們要用石頭打死他。我們收到他們密謀害他的風聲，便勸他不要到耶路撒冷和猶太地區，太危險了。他的反應通常都是淡然一句：『我的時候還沒有到。』

有一次我們在加利利，收到消息，他住在耶路撒冷城外的朋友拉撒路病得很重。這消息來源可靠，是拉撒路的兩個姊妹，她們還想耶穌下去醫治他。我們都提醒他那裡很危險，勸他不要去。他留在加利利兩天，我們還以為他聽了我們的勸告；但突然，他又決定要去。我們又再勸他，告訴他他們要在那裡用石頭打死他。他卻說拉撒路睡了，要去喚醒他。這真的是不可理喻！如果拉撒路睡了，就由他好好休息吧！我們一大群人去他那裡，又吃又住，太過打擾他了。

所以當他說拉撒路睡了，我還以為情況已經安定下來。但他卻澄清說拉撒路是死了，他下去是要叫我們可以相信。好吧，跟他下去也好，反正呆在這裡倒無聊。於是我對其他人說：『起來，我們一起跟他下去，為他死吧！』這是憤世嫉俗的我的經典之話。

我們以前去過拉撒路的家，那次還發生了一件很尷尬的事。拉撒路的姊妹馬大對所有人大發雷霆，特別針對她那年輕貌美的妹妹馬利亞。馬大在廚房裡做飯，咕咕嚕嚕的發出很多噪音，表達不滿沒有人幫她。馬利亞卻若無其事地靜坐在耶穌腳前，用心享受耶穌講的一字一語。我蓄意靠近馬利亞身邊，突然，馬大滿身麵粉、滿臉通紅的衝進來，環視四周後瞪著馬利亞，向耶穌投訴。她

想耶穌叫馬利亞去幫忙她預備食物；她顯然不滿耶穌忽略了她，讓她一個人在死幹，卻讓馬利亞優閒坐在那裡。耶穌很體恤她，沒有責備她，只是對她說馬利亞選擇了上好的福份。

這是第二次我們去到伯特利，剛剛抵埗，耶穌發現拉撒路已經死了，在墳墓裡已經有四天。伯特利離耶路撒冷只有兩哩路，許多猶太人都從那裡上來安慰馬大和馬利亞喪失兄弟的傷痛。

馬大聽見耶穌來到，便出來見他。我們都圍著馬大，我其實是想見馬利亞，去安慰那可愛的女子，她剛剛失去了兄弟，一定很難過，但她卻在家中。馬大對耶穌說如果他早一點來，她的兄弟便不會死了。縱然如此，她卻堅持神會應允耶穌的所求。耶穌對她說：『你的兄弟必然復活。』馬大說：『在末日復活的時候，他必復活。』我聽他們這番對話的時候，我斷不會想到耶穌要叫拉撒路從死裡復活。耶穌對馬大說：『復活在我，生命也在我。信我的人雖然死了，也必復活；凡活着信我的人必永遠不死。』問她信嗎？我察覺到他看著她的目光有點兒特別。她說：『主啊，是的，我信你是基督，是神的兒子，就是那要臨到世界的。』好感動啊！可惜他沒有早些來到呢！其實我的心在想念著馬利亞，很想見她。

耶穌跟馬大相遇的地方是在村外，我們還未進村裡。馬大便回家告訴馬利亞耶穌來了，我跟她一起去見馬利亞，去支持安慰她。房子裡滿擠了來奔喪的人和朋友。馬利亞立刻起來，我便帶她去見耶穌。房子裡來奔喪的猶太人看到，以為她要到墳墓去，也跟著出來。當他們來到耶穌那裡，看見他後都一起哭號起來。馬利亞見到耶穌便俯伏在他腳前，哭著告訴他如果他早些來她兄弟便不會死。

雙胞胎的多馬

你聽到那裡哭號的聲音嗎？我想有些是真的，有許多卻是假裝的。耶穌看到馬利亞和跟著的人都在哭，他很感動。他問他們墳墓在那裡，他們便帶他去墳墓那裡，我們都跟著去。

耶穌哭了。這不是裝假的哭，他真的深深地感動而哭。他們看到都說耶穌真的很愛拉撒路。我也在哭，我站在馬利亞身旁摟住哭著的她。

但在場的人中有人說：『他既然開了瞎子的眼睛，豈不能叫這人不死嗎？』哼，這些冷酷無情的人！我們都一起走到墳墓那裡去，到了墳墓外面，耶穌心裡難過，又哭了。以色列人的墳墓都是一個洞穴，洞口有塊石頭封著；然後，他講出那句沒有人想到的話，他說：『你們把石頭挪開。』我很希奇，馬大也很希奇，對他說：『主啊，他現在必是臭了，因為他死了已經四天。』

然後耶穌說：『我不是對你說過，你若信，就必看見神的榮耀嗎？』

他們就把石頭挪開。耶穌舉目望天，說：『父啊，我感謝你，因為你已經聽我。我也知道你常聽我，但我說這話是為周圍站著的眾人，叫他們信是你差了我來。』說了這話，就大聲呼叫說：『拉撒路，出來！』

在場鴉雀無聲，沒有人說話，都屏息不動，望著那漆黑的洞口。忽然我彷彿看到洞口暗處有點動靜。旁邊有人大聲喊著說：『裡面有東西在動呀！』所有人都嚇呆了！有些人在尖叫，有一個婦女更昏倒了；然後…拉撒路走出來，他的手腳和臉上仍纏著布條呢！眾人都嚇得慌忙退後，以為是鬼魂、污鬼或是埃及人的木乃伊，有些人更嚇得跑掉了。耶穌卻轉過身來，笑著對我們說：『不要

光站著, 解開他的裹屍布, 讓他自由行走!』嘩! 真是難忘的一天!

我們跟他來到這裡, 還以為要為他死; 剛剛相反, 他卻在我們眼前叫死人復活。親眼看見拉撒路從墳墓裡走出來, 對我的影響簡直不能形容。我的憤世嫉俗和懷疑不信都頓然消失於無形了。我知道他是神的兒子。

逾越節前六天, 我們被邀到伯特利馬利亞家中, 他們特別為耶穌擺設筵席。馬大如常地在忙碌做飯, 拉撒路是主人; 拉撒路不單是活生生的, 他還看來有點不同, 多了一份叫我們景仰的風采。拉撒路坐在桌旁, 但我卻見不到馬利亞。我們剛來到的時候, 她有跟我們打招呼; 她還特別來歡迎我呢! 真的叫我有點兒心如鹿撞, 但跟著便一言不發地離開了, 我想她一定是去幫忙馬大做飯。

我們剛開始吃的時候, 馬利亞走進來, 手中拿著一瓶子極貴的真哪達香膏。她來到耶穌坐著的地方, 把香膏倒在他的腳上, 用自己的頭髮抹擦。太美麗了! 整個房子都散發著香膏的芬芳。加略人猶大坐在我旁邊, 卻很不滿, 大聲地說話好叫耶穌聽到, 他說:『這香膏為甚麼不賣來賙濟窮人呢? 可以賣得一個人整年的工資啊!』

典型的猶大! 他說這話, 並不是掛念窮人。他保管錢囊, 常常為著錢發怨言, 後來我們還發現他常取錢囊中所存的, 他是個賊! 他們應該請馬太來管錢, 但馬太卻推辭, 說他管銀錢的日子已成過去了。

耶穌卻對我們說:『由她吧! 她是為我安葬之日存留的。 因為常有窮人和你們同在, 只是你們不常有我。』

幾天後，我們在耶路撒冷一起吃逾越節晚餐。這一週太多事情發生了，從進入耶路撒冷那天開始，耶穌帶著一大群跟隨他的人進城，看來不單只向公會挑戰，還向羅馬人挑戰。然後他一口氣走到聖殿，把兌換銀錢的人的攤子推翻了，差點引起暴亂。從此以後便每況愈下了，一週內氣氛愈來愈緊張，我不敢想像到逾越節晚上會發展到怎麼情況。那天晚上，只有我們十二個人和耶穌一起。開始時耶穌脫下袍子，像個卑微僕人的模樣替我們洗腳；然後他說我們當中有一個要出賣他。我那時窘迫得透不過氣來，是我嗎？我會出賣他嗎？跟他共渡了這些年日，我能夠出賣他嗎？過了不久，那『老錢囊』加略人猶大離開我們出去了。那時我們還不為意他出去的原因，後來才知道他出去是找祭司領取他的血錢。然後，耶穌告訴彼得他要不認他，不是一次，是三次！這演變成一個令人非常沮喪的晚上。

然後，耶穌叫我們心裡不要憂愁，相信神也當相信他，在他『父』家裡有許多住處，若然不是，他怎會告訴我們他要去到那裡是為我們預備地方呢？他若是要去為我們預備地方，就必再來接我們到他那裡去。我們從未聽過他說過這些事情。他又說：『我去那地方的那條路，你們也知道，是嗎？』

我環顧房間內坐著的人，我不懂他在說甚麼，他們懂嗎？他們看來都是一頭霧水，跟我一樣。我對他說：『主啊，我們不知道你往哪裡去，怎麼知道那條路呢？』他真的叫我們摸不著頭腦，總要有人出聲問他，就讓我來問個明白吧！他的回答更令人驚奇，他說：『我就是道路、真理、生命；若不藉着我，沒有人能到父那裡去。 你們若認識我，也就認識我的父。從今以後，你們認識他，並且已經看見他。』

那是個漫長的晚上，我們上了很豐富的一課。約翰在他的記錄中都寫得很詳盡，其他人也講述了他們隨後幾天的經歷，我不用多說了。

那晚上稍後的時候，我也像其他人一樣落荒而逃，我自覺非常羞愧。我決定自己一個人跑到城外躲避幾天，便去了伯特利馬利亞家裡。當我返回耶路撒冷的時候，聽聞耶穌已經被殺害和埋葬了，我驚駭不已。然後又傳聞他從死裡復活了，便去找到親眼看到耶穌被釘死的婦女們，她們確定他真的是死了。她們形容他的手和腳被釘在十字架上，最後一個士兵還用槍扎他肋旁，流出來的液體是水和血分開，肯定他真的死了。絕無疑問，他的確是死了。

然後又有看見和遇見他的鬼魂似的傳聞，我才不會相信呢！這都是那些悲傷過度、神經錯亂的婦女，和那些自咎心重的懦夫的胡言亂語。這些懦夫不認他，離棄他！我也是這樣。我很惱怒他們，忍不住大聲喊說：『除非我親自用指頭探過他手腳上的釘痕和肋旁扎穿了的洞，否則我不會相信他是復活了。』我不是個蠢才，我才不要聽信這些無稽之談呢！我說的時候滿臉交雜著憤怒和悲傷。有人要摟著我的肩膀，我推開他，拔足而逃，一口氣回到伯特利，因為我需要見到馬利亞。

又過了一週，馬利亞勸我返回城裡，她說她相信那些故事是真的。於是我回去找到他們，心裡很難受。那些故事仍然在流傳，還傳說每個看到復活後的耶穌的人都有很大改變。那天晚上我們聚在一起，一週前我口出狂言，我現在覺得自己才是個大笨蛋！在我們傾談的時候，房間內的氣氛忽然改變。

房間裡非常寧靜。門還是鎖上，不知如何，耶穌竟然來到站

在我們中間，說：『願你們平安。』然後轉過身來，對著我發出他那奇妙的笑容，說：『伸過你的指頭來，摸我的手；伸出你的手來，探入我的肋旁。不要疑惑，總要信！』我還可以說甚麼呢？只對他說：『我的主！我的神！』我禁不住在哭，他很溫柔地擁抱著我。然後，對我說：『你看見我了，信了；那沒有看見就信的有福了。』我心中的懷疑不信都煙消雲散了。我看見他，我信！

四十天內，耶穌向我們顯現，講解天國的事。他不是鬼魂，是有血有肉的人，跟我們一起吃喝。我記得我們有些人回到加利利打漁去了，整晚在湖中；那個故事對西門彼得非常重要，我還是讓他自己講吧！

另外一次，他跟我們一起吃飯，囑咐我們說：『不要離開耶路撒冷，要等候父所應許的，就是你們聽見我說過的。約翰是用水施洗，但不多幾日，你們要受聖靈的洗。』我們都聚在一起要好好地吸收他的每一句話。我們問他是否現在復興以色列國？他告訴我們『父』憑著自己的權柄所定的時候、日期，不是我們可以知道的。但聖靈降臨在我們身上，我們就必得着能力，並要在耶路撒冷、猶太全地，和撒馬利亞，直到地極，作他的見證。

那時我真的知道了，我要去到他想我去的地方，向人宣講他；直到天涯海角，甚至印度，我都要去。」

福音書中及以後的雙胞胎的多馬

多馬的名字見於《馬太福音》10:3 和《馬可福音》3:18 中耶穌門徒的名單中。「多馬」是希伯來文的名字，是「雙胞胎」的意思。在《約翰福音》11:16, 20:24 兩處稱他為底土馬，是希臘文同一的名字，意思也是「雙胞胎」。有關於他的記載都在第四卷福音書中。在使徒名單中，多馬常常跟馬太一起並排，馬太是亞腓勒的兒子。亞腓勒的兒子雅各則常常排名在他們兩人的名字之後。有人認為多馬、馬太和雅各三個人是兄弟；可能如此，卻不能肯定。誰是多馬的雙胞胎？這就不可而知了。

　　《使徒行傳》記載聖靈降臨時，多馬跟其他的人在樓房裡。該撒利亞的優西比烏（主後320年）引用俄利根說多馬是帕提亞人的使徒；但根據主後200年的《多馬行傳》，盛傳多馬去到印度宣教。敘利亞教會的耶福列木（Ephrem）醫生在他的《尼西比斯詩歌》 Carina Nisibrina 第四十二篇記載多馬死在印度，遺體後來被一位不知名的商人帶到埃德薩（Edessa）下葬。

　　早期敘利亞教會年歷記錄確定了這個故事，並且記錄了那商人的名字。他們的年歷上記著說：「七月三日，聖多馬在印度被人用長矛刺死，商人哈賓（Khabin）把他的遺體帶到埃德薩下葬。這日是個大節日。」

　　有關多馬的傳統主要來自敘利亞的文獻，廣受當地的基督徒接納；其中還包括有多馬去印度途中遇到聖經中的「三博士」。

　　傳說多馬因戰事迫近，離開了印度西北部，坐船到馬拉巴爾海岸（Malabar Coast），沿途可能經過亞拉伯東南部和索科特拉島（Socotra），跟一位猶太商人在昔日繁榮的穆澤里斯港（Muziris）登岸（主後51-52年）。之後在馬拉巴爾海岸一帶傳福音，他建立的

教會主要位於貝里亞爾诃 (Periyar River) 及其支流和沿岸的猶太人聚居地。據說他向不同階層的人傳福音，有一萬七千個信徒，包括了當時四個主要階級的人。後來在這些教會遺址豎立了石十字架，成為了朝聖熱點。多馬按照使徒的習慣，按立教師、領袖和長老成為馬拉巴爾教會最早期的教士。

相傳多馬曾經傳道的教會建築物，都具希臘建築特色，看來他也是個出色的建築師。雖然當時教會增長的資料不詳，根據巴得撒 (Bar-Daisan) (主後154-223年) 報導，在他年間印度有些基督徒族群，都是多馬帶他們信主的，還有書籍和歷史遺物作為証據。最低限度，在波斯第二王朝 (主後226年) 年間，在印度西北部的東方教會 (Church of the East) 已經有主教、平信徒和教士負責教會事工。

歷史學家雲信‧史密夫 (Vincent Smith) 說：「按早期傳統，使徒多馬親身從索科特拉到南印度傳教，這是可信的，那裡確實有很早期的基督徒聚居地。我很樂意接受這個史實，南印度的基督教教會是非常古老年代的。...」《牛津印度史》

根據傳統，多馬死於主後72年。按十三世紀馬可孛羅 (Marco Polo) 的記錄，使徒在清奈 (Chennai) 他的房子外面死於意外。當時有一個捕鳥人看到他，誤以為是隻孔雀，放箭意外地射殺了他。後來在十六世紀，住在印度的葡萄牙人虛構了一個故事，說多馬是死於清奈的僧人的石頭和長矛。其他早期教會傳統說多馬是在貝里亞爾河東殉道。

多馬在他的人生旅程中，真的遇到了耶穌，聽到有關「父」的啟示，也親身去作見證。

藉著耶穌的復活，我們與他聯合在三一神的生命裡

馬大和馬利亞請求耶穌到伯特利去看她們病重的兄弟，耶穌按照「父」的時間表去。他聽到她們的請求後對門徒說，拉撒路的病不致於死，是要彰顯出神的榮耀，叫神的兒子藉此也得榮耀。

耶穌拖延不立刻去，過了兩天，才宣佈要出發去伯特利；他說因為拉撒路睡了，後來才說清楚是死了，這一切都令門徒很困惑。如果耶穌聽到拉撒路病了便立即去看他，他一定會醫好他。但耶穌在聆聽「父」的聲音，「父」說要等待，「父」心裡有更大的計劃，要顯出更大的神蹟。以前，耶穌在加利利叫死人復活，遠離耶路撒冷，那裡的尖子們沒有親眼看到；如今「父」要在這些以色列的宗教人仕面前彰顯自己的榮耀，也要叫祂的兒子得榮耀。伯特利離耶路撒冷僅兩哩路，他們都認識拉撒路，這個絕不尋常的神蹟要在他們跟前發生，叫他們無可推諉。

約翰告訴我們，耶穌向馬大宣告，他是復活、生命。拉撒路從死而復活的確是很奇妙的神蹟，這個宣告比那神蹟更重要得多。約翰在他的福音書起頭說：「生命在他裡頭，這生命就是人的光」《約翰福音》1:4。在伊甸園吃了分別善惡樹上的果子後，墮落後的人類走進了黑暗的國度裡。人類生命的經歷都籠罩著死亡、罪惡、破壞和黑暗。現在「父」的愛子走進我們的黑暗，宣告生命、復活的生命在他裡面。他不單叫拉撒路從死裡復活，更啟示復活的生命在他裡面。短短幾天，他從黑暗的國度中突破出來，帶來復活的生命。人類被帶返回到生命樹和耶穌、成了肉身的「子」那裡；我們也可以走進這復活的生命裡。

耶穌叫拉撒路從死裡復活，使復活成為每一個人心中的頭條新聞，為他自己的復活鋪路。耶穌說，信他的人雖然死了也必活著，活著信他的人必永遠不死。

四世紀初偉大的「教會之父」亞他那修 (Athanasius) 說：

> 「那永生不死的『道』，『父的兒子』，雖然不可能經過死亡，知道必須藉著死除掉世人的敗壞；那超乎眾人之上的『道』，取了必死的身體，可以替眾人死。因著住在生命裡面的『道』，保持永恆不朽；藉著『復活的恩典』，使眾人可以脫離敗壞的生命。藉著他的肉身的死亡，獻上了無瑕疵、無玷污的祭代替眾人，免去了眾人的死；那超乎眾人之上『神的道』，獻上自己的身體神的殿，藉著死還清了眾人生命的債。因此，藉著復活的應許，那不能朽壞的『神的兒子』與眾人在生命上聯合，給他們穿上那不能朽壞的生命。」亞他那修《論道成肉身》

對早期教會，耶穌的復活證明他是神的兒子。五旬節後，他們傳福音和教導都以這事實為出發點。這是證據確鑿、不能置疑和否定的事實，猶太人卻推搪不信，說門徒把耶穌的身體偷走藏起來。使徒和早期教會以他們活潑、更新的生命是作明證。現在我們都活在耶穌復活生命的真實裡，認識這個真理，在復活生命中成長。我們與基督聯合，進入三一神的生命裡。因著他的復活生命，藉著在基督裡的信，我們都是兒女。他的「父」真的是我們的「父」。

耶穌在拉撒路墓前的感恩禱告，從拉撒路復活那一刻，伸展

覆蓋至以後那悠長廣潤的時空。

「『父啊，我感謝你，因為你已經聽我。我也知道你常聽我，但我說這話是為周圍站着的眾人，叫他們信是你差了我來。』」《約翰福音》11:41-42

耶穌是進入與「父」關係的道路

我們想起多馬，都會想起他在那樓房中的無知。耶穌剛剛告訴他們他去要為他們預備地方，他還要回來接他們去到他要去的地方。

耶穌說這話時身在那樓房中，但他一直都在三一神裡面，在「父」的懷裡。約翰在他福音書的起頭說耶穌在「父」的身邊，或譯作在「父」懷裡，形容出他所在那親密和個人與「父」愛的關係中。耶穌的心意是要帶全人類回家，回到我們真正的「父」那裡，回到那親密和個人跟「父」結連的空間；在耶穌裡跟榮耀的「父」和聖靈同在。

從門徒那目無表情和不信的面容，耶穌知道他們摸不著頭腦，便問他們：「我往哪裡去，你們知道嗎？那條路，你們也知道嗎？」最後，多馬禁不住要作他們的代言人，便說：「主啊，我們不知道你往哪裡去，怎麼知道那條路呢？」《約翰福音》14:5

耶穌的回答可能是聖經最常被引用的經句，同時也可能是最常被誤用或是引用了一半的經句。許多人甚至能夠背誦這經句和講述其中奇妙的真理，但卻看不到裡面整體的榮耀。耶穌說：「我就是道路、真理、生命」，許多人就停在這裡。正如戴歷‧潘斯 (Derek

Prince) 的名句，他們「被阻塞在路途中」。耶穌這句話的重點不在於「他是道路、真理和生命」；卻是在於這條道路要去到甚麼地方、去到誰那裡，關於甚麼、關於誰的真理，是甚麼生命、是誰的生命？耶穌要我們清楚明白這個真理，他說：「若不藉着我，沒有人能到父那裡去。」或者可以翻譯成「若不藉著我，沒有人可以轉向『父』，面對面見到『父』。」一切的焦點都在於「父」，他要去的地方是「父」那裡；耶穌是那條道路、方式去到「父」那裡，能夠面對面與「父」同在。這樣的解釋領會不是貶低、忽略了耶穌，卻是把耶穌提升到他應有的位置，在「父」的身邊。耶穌啟示了「父」，「父」也啟示了耶穌。

我們來到耶穌跟父一起的親密地方，便能夠像耶穌那樣親密地認識「父」。耶穌隨即說：

> 「『你們若認識我，也就認識我的父。從今以後，你們認識他，並且已經看見他。』」《約翰福音》 14:7

「認識」這個動詞是指透過關係去經歷得到的認知，跟在《創世記》亞當「認識」他妻子（或譯作跟她同房）有同樣的含意。是透過相遇、心的連結和深層聯合的認識，不是冷冰冰的事實知識。這經文第二個動詞是希臘文「去認識」那些絕對的事實知識。

換句話說，耶穌是說：「如果你跟我有一個親密的關係，透過『心』的層面經歷，你絕對一定會像我這樣認識我的『父』」。去認識耶穌就是去認識「父」，因為他們兩者是不可分割的，是真正合一的。

然後耶穌說他在那裡我們也在那裡：「到那日，你們就知道我在父裡面，你們在我裡面，我也在你們裡面。」

《約翰福音》 14:20

耶穌的門徒跟他一起約有三年的時間，但福音書記載的只有大約五十日的事情，他們在其他日子中的事情，我們無法知道。約翰在他的福音書結束時說，耶穌所行的事還有許多，若是一一都寫出來，所寫的書就是世界也容不下了。

「但記這些事要叫你們信耶穌是基督，是神的兒子，並且叫你們信了他，就可以因他的名得生命。」《約翰福音》 20:31

路加在《使徒行傳》一章三節告訴我們，耶穌復活後顯現跟他們同在有四十天，講述神國的事。教導的內容我們不知道，我們卻清楚看到他們是活在一個新的真實裡，每一天都在經歷復活的生命，進入「父」、「子」、「聖靈」那充滿動力的關係中。他們剛剛開始活在這全新的真實中，難以用筆墨言語表達出來。直到幾年後，他們才能完全體會到他們所經歷的啟示，能夠描述出來。需要像保羅這樣的人物才能夠有筆力和清徹的思維表達出來。五旬節那天被聖靈充滿之後，他們得到了更深入和豐富的啟示，認識耶穌是神的兒子，神是他們的「父」；開始活出聖靈恩膏的生命，接上了新的任務，踏上那持續至今的旅程，聆聽「父」所說的話，作「父」所作的事。

第十位講故事的人

漁夫西門

「我第一次聽聞耶穌的事是當我的弟弟安得烈從猶太地回來的時候。他不時都會跟他朋友腓力跑到猶太地去,他們兩人常常到處遊蕩,特別是工作繁忙的時候。他就是這樣不顧家的,令父母很生氣,每次他不在家的時候,我都要為他找藉口解釋。這次他聽聞有人在約但河谷那裡傳道,轉過身來,又逃之夭夭了,好幾週沒有他的蹤影。那日子我在辛苦經營家業,每次他回來都求我饒恕,說不會再有下次,我都聽得太多了,他就是這樣不可靠的!這是我一直以來對他的觀感。

這次,安得烈決定再現身的時候,還說他遇到了那彌賽亞。這真的是個大新聞,想又是他的藉口吧!但是這次他看來卻很認真,沒有說那些推搪的承諾,他只是定睛望著我,說彌賽亞是那拿撒勒人耶穌。哎呀,真是豈有此理!我想立刻喝止他不要再胡言亂語,快些來幫忙我去整理漁網吧!但他卻抓住我的手,一言不發,我從來沒有見過他這樣認真的。

之後幾週,安得烈留在家中,很勤力工作,叫我很希奇。似乎

這次他跟這位所謂的彌賽亞相遇對他有頗深的影響。有一天, 他急著跑來找我, 說那彌賽亞來到了我們這裡, 請求我去見他。他那誠懇認真的語氣和興奮的眼神, 是我從來沒有見過的; 我於是答應他, 他便帶我去見耶穌。

我期待會見到一位想找死的狂人, 我們鎮內有好些羅馬兵, 他們有套簡單直接的方法來處決這些自稱是彌賽亞的人。我們找到他了, 竟然是個三十來歲的普通人, 其貌不揚, 沒有一點彌賽亞的形象。他在湖畔一所房子外面, 很休閒地跟小孩子們談話。他眼中沒有一點狂傲, 反而看著我說:『約翰的兒子西門, 從今以後你要稱為磯法。』耶穌沒有再說其他的話, 只是那樣地望著我, 令我有點兒尷尬, 他好像看透了我的內心世界。磯法是亞蘭文我的名字, 通常我都被稱為彼得, 方便那些講希臘話的人。

過了好些日子, 有一天耶穌又來到我們這裡, 在湖邊講道。眾人擠擁圍著, 聽他講話。我們在洗網, 他看見岸邊我們的兩條船, 便向我們招手, 沿著湖畔向我走來, 想借用我的一條船, 然後又叫我把船搖離岸一點, 讓他坐在船中向岸上眾人講道教訓人。

他講完道後, 對我說:『把船開到水深之處, 下網打漁。』我猶豫一刻, 在想這個木匠對打漁一竅不通, 竟然夠膽教我做我的專長作業? 好, 就跟他開過玩笑, 叫他在眾人面前尷尬一番。我對他說:『主啊, 我們整晚努力打漁, 沒有打著甚麼; 不過就照你話說, 去下網打漁吧!』我儘量隱藏我譏諷的心, 我想這一切都是無聊之舉, 浪費時間, 但開船離開人群休息一下也不錯呢!

於是我們把船推離岸, 意料之外, 安得烈也跳上船來, 幫忙搖船。我們把船開到離開水深之處, 便下網向耶穌示範我們打

漁的技巧。我們剛撒下網，眨眼間有一大群魚游來，網都要快破了！耶穌用那很特別的眼神看著我們，他不是在說：『我早告訴了你們嘛！』他的眼神卻是洋溢著那喜樂的笑容。對呀！那真是喜樂、歡愉的一刻！

我們召了另外的一條船來一起收取漁獲，兩條船都收得滿滿，險些要沉了。我們靠岸，數點了漁獲，這是我們整個漁季最大的收穫，足夠我們幾個月的生計，我感到很困惑。我、安得烈和我們的生意夥伴西庇太的兒子們都很驚訝這次的收穫。岸上眾人都要買我們的魚，那天我們發財了。

我去找到耶穌，他跟一些小孩子一起坐著，正玩著向湖中投石的遊戲。我跪在他膝前，只可以說：『主啊！離開我去吧！我是個罪人。』耶穌對我說，不要怕，從今以後我要得人如得漁了。他還叫我們來跟從他；我們便把船綁好在岸邊，撇下一切，跟從他。就是這樣，開始了我人生新的一頁。

以後的一段日子，我們走遍加利利，偶然在節期的時候往返耶路撒冷，大部分時間都是很好的時光。我們大部分的時間在加利利，本地人把耶穌當作英雄人物一樣，各人都要來見他；我們還常常被邀請到一些豪宅裡吃飯，他們還視我為他的大弟子呢！在猶太地卻是另外一回事，那裡是惡人的地頭。我們走遍各地，我親眼看到許多醫治和神蹟奇事，都是我以前認為不可能發生的事。甚至連我自己的岳母大人發熱病也得醫治，其他的門徒還常常以這件事來取笑我呢！

耶穌到處講道教訓人，有時候我們都可以明白領會他的意思，但有時他卻用那些故事來表達。他很喜歡講故事，好像他早知道

聽的人會聽不懂，他也毫不介意。他常常說，他說的都是他『父』要他說的。過了一些日子，我們才明白他是指『天父』；很自然地，他便會講到有關於他『父』的事情。

有一次，他在迦百農會堂裡教訓人，把自己比喻作天上來的糧，於是眾人開始竊竊私語議論他。他們說：『這不是約瑟的兒子耶穌嗎？他的父母我們豈不都認識嗎？他怎麼現在說是從天上降下來的呢？』

耶穌轉過來告訴他們不要彼此議論，對他們說：『若不是差我來的"父"吸引人，就沒有能到我這裡來的； 到我這裡來的，在末日我要叫他復活。 在先知書上寫着說："他們都要蒙神的教訓。" 凡聽見"父"之教訓又學習的，就到我這裡來。這不是說有人看見過"父"，惟獨從神來的，他看見"父"。 我實實在在地告訴你們，信的人有永生。 我就是生命的糧。 你們的祖宗在曠野吃過嗎哪，還是死了。 這是從天上降下來的糧，叫人吃了就不死。 我是從天上降下來生命的糧；人若吃這糧，就必永遠活着。我所要賜的糧就是我的肉，為世人之生命所賜的。』

眾人聽到這番話，即時哄動起來，猶太人彼此爭論。耶穌對他們說：『我實實在在地告訴你們，你們若不吃人子的肉，不喝人子的血，就沒有生命在你們裡面。 吃我肉、喝我血的人就有永生，在末日我要叫他復活。 我的肉真是可吃的，我的血真是可喝的。 吃我肉、喝我血的人常在我裡面，我也常在他裡面。 永活的父怎樣差我來，我又因父活着；照樣，吃我肉的人也要因我活着。 這就是從天上降下來的糧。吃這糧的人就永遠活着，不像你們的祖宗吃過嗎哪還是死了。』這番話的確很難明白，因此有些人用各種的惡言批評咒罵他。

跟隨他的人中有好些人聽見了，覺得這話很難接受，耶穌心裡知道這些所謂門徒的想法，就對他們說：『這話是叫你們厭棄嗎？倘或你們看見人子升到他原來所在之處，怎麼樣呢？叫人活著的乃是靈，肉體是無益的。我對你們所說的話就是靈，就是生命。只是你們中間有不信的人。』耶穌從起頭就知道誰不信他，誰要賣他。耶穌又說：『所以我對你們說過，若不是蒙我父的恩賜，沒有人能到我這裡來。』

從此，那些貪高興、跟大隊的人當中有許多退去，不再和他同行。以前這大群的所謂門徒跟隨著他，愛看神蹟和奇事，吃免費餐；我看著他們許多人隨流失去，不久之後便剩下我們十二人和幾個婦女。耶穌很直接對我們說：『你們怎樣？你們也要離去嗎？』

我立時挺胸昂首地插口說：『主啊，你有永生之道，我們還歸從誰呢？我們已經信了，又知道你是神的聖者。』

聽到了嗎？我們…我相信他是神的聖者、那彌賽亞。這不單是因為我弟的緣故，是我自己的看法。

有一天我們在迦百農，那天很繁忙，那位會堂最重要的人物睚魯的女兒病重，來請耶穌到他家裡。我們去他家的途中很擠擁，有一個婦女摸耶穌的衣裳便得了痊癒，耶穌還停下來要跟她說話，那位管會堂的睚魯焦急得要命。耶穌還在說話的時候，睚魯家中的人走來說他的女兒死了，不再要勞煩耶穌了。

耶穌聽見，就對管會堂的說：『不要怕，只要信！』我們來到管會堂的家裡，耶穌帶著我、雅各和約翰進去，不許別人跟隨。那裡一片嚷鬧，有人在大聲哭泣哀號，凡有喪事他們都是這樣哀號的了。進到裡面，耶穌就對他們說：『為甚麼亂嚷哭泣呢？孩子不

是死了, 是睡着了。』 他們就嗤笑耶穌。他們都是那些職業哭喪的人, 凡有喪事便會不請自來。耶穌要把他們都攆出去, 我們孔武有力, 很樂意執行這個任務! 我們把他們趕了出去後, 耶穌就帶着孩子的父母和我們三個隨從, 進了孩子所在的地方。我看到一個大約十二歲, 漂亮可愛的女孩冰硬地躺在那裡。耶穌拉着孩子的手, 對她說:『大利大, 古米!』意思是說:『小女孩, 我吩咐你起來!』 那女孩立時起來。他們非常驚奇; 耶穌切切地囑咐他們, 不要叫人知道這事, 又吩咐給她東西吃。神是我的見證, 這是千真萬確的事, 是我親眼目睹的。『大利大, 古米!』這話銘刻我心!

幾天後, 耶穌和我們所有近身門徒去到加利利北部在該撒利亞腓立比附近的村莊那裡。途中他問我們眾人說他是誰？我們當中有一個說:『有人說你是施洗約翰; 有人說是以利亞, 也有人說是先知中的一個。』

他問我們:『你們怎樣？看我是誰？』

我毫不猶豫, 趁著其他人還未回答之前, 立即搶著說:『你是彌賽亞, 永生神的兒子。』

耶穌回答說:『約翰的兒子西門, 你是有福的! 因為這不是屬血肉的指示你的, 乃是我在天上的父指示的。 我還告訴你, 你是彼得, 我要把我的教會建造在這磐石上; 陰間的權柄不能勝過他。 我要把天國的鑰匙給你, 凡你在地上所捆綁的, 在天上也要捆綁; 凡你在地上所釋放的, 在天上也要釋放。』

我感到很高興, 我不單只答對了, 他顯然看出我有某些恩賜, 我還是他這班門徒中最重要的一個。我不明白他說他的『父』指示我是甚麼意思, 我也不太肯定他的父是誰, 他天上的父是甚

麼意思。無論如何，我再不是個無名小卒啦！我要手握天國的鑰匙！雖然我不完全明白箇中的道理，但聽來也不錯，如果要面對任何爭鬥，我們必勝！他稱我為彼得，他常常喜歡玩弄字句的，又說在這『佩特拉』Petra（意思是一些碎石）上面建造他的教會。我想這些碎石不會是指我嘛？我是岩石啊！他用了這個跟岩石聽來相近的字，是有甚麼意思呢？我以後都一直在思量，後來才明白意思是他所說出來的真理就是那基石，『父』所顯示的真理要成為教會的基石。

耶穌警告我們不要向人揭露他的身份，然後很坦白地告訴我們，人子必須要受許多苦，被長老、祭司長和律法師棄絕，並且被殺，第三日復活；叫我很希奇和震驚。

於是我執行我的新角色，把他拉到一旁，低聲對他說話，大膽直言告訴他不應該說這樣的話，因為很影響士氣。耶穌轉過來看著眾人，在他們面前責備我，對我說：『撒但，退我後邊去吧！你是絆我腳的；因為你不體貼神的意思，只體貼人的意思。』我要崩潰了！他剛剛才說我是他的磐石，聽到神的聲音，現在卻說我是撒但的唇舌！我感到被侮辱，非常難受。更糟的是他還聚集了眾人和門徒一起，對他們說跟從作他門徒的人要捨己，背起他的十字架來跟從他；因為要救生命的必喪失生命，為他和福音的緣故喪掉生命的必保存生命；人若賺得全世界卻賠上生命，有甚麼益處呢？人還能拿甚麼來換生命呢？人若以他和向這淫亂邪惡世代所說的話為恥，人子在眾天使和『父』的榮耀中也以他為恥。

那天，我感覺到門徒中有些人對我有點鄙視，受到很大的衝擊和傷害。隨後幾天耶穌不時向我送上他那特別的笑容，好像很明白我內心的感受。他默然無語，只是在笑著。我內心卻在翻天覆地。

六天以後，耶穌帶著我、雅各和約翰，獨自上到一個高山，很奇怪的事發生了。他的衣裳變得潔白發光，比世上任何漂白過的布更白；他的面像日頭發光，看來他完全改變了，像希臘人稱為『變像』了一樣，他的改變是非常非常的異常和壯麗。然後，在我們眼前出現了兩個人在跟他說話，我們問他們是誰，發現竟是摩西和以利亞！這兩位我們歷史中最著名的人物在跟耶穌談話。我還記得我想立刻去告訴其他門徒，看他們還敢不敢再小看我。如常地，我忍不住出口說：『拉比，這裡真好啊！讓我們築三座棚，一座給你、一座給摩西、一座給以利亞。』雅各和約翰只是站在那裡，嚇得呆若木雞。然後有雲彩出現遮蓋著他們，有聲音從雲彩中說：『這是我的愛子，我喜悅他！』

忽然，我們環顧四周，其他的人都不見了，只剩下耶穌一人跟我們一起。我跟你講這些有關耶穌的事，不是我幻想創作出來的故事，卻是親眼看到他的榮耀。這些年間我仔細思量我在那山上看見的情景，從那壯麗無比的榮耀出來的聲音說這是祂的兒子、祂所愛和甚喜悅的兒子，神賜給耶穌尊貴和榮耀；在那聖山上，我們與他同在，親耳聽到從天上來的聲音，無可置疑，是神自己的聲音。這是一次奇妙的經歷。

我們下山的途中，耶穌吩咐我們不要把剛才看見的事對人說，直至人子從死裡復活的日子。我們答應保守秘密，卻不明白『人子從死裡復活』的意思。

在他被釘十字架前的一週中，耶穌跟我們說了很多話，約翰在耶穌生平的記載裡都記下了許多，有些話烙印在我腦海中。我記得在逾越節前我們一起吃那最後晚餐，耶穌似乎知道他離世去他『父』的時候到了。我們後來發現魔鬼已經進入了加略人西門的

兒子猶大心中, 指示他去出賣耶穌。他告訴我們『父』已經將萬有置於他的權能下, 他從神而來, 現在要回到神那裡。他在飯桌前站起來, 脫下外袍, 腰間繫上巾, 我們都希奇。然後他拿來一盤水, 替我們洗腳, 用他腰間的巾抹乾。

他來到我跟前要洗我的腳, 我告訴他不可洗我的腳。耶穌回答說我現在不明白他所作的事, 稍後便會明白。

我告訴他永不可洗我的腳, 耶穌回答說:『如果我不洗你的腳, 你便與我無份無關。』哎呀! 我又口快說錯了! 我急得快要哭, 急忙說:『主啊! 不單要洗我的腳, 連手和頭都要洗!』

他洗完我們的腳後, 穿上外袍, 坐下來說:『我向你們所做的, 你們明白嗎？ 你們稱呼我夫子, 稱呼我主, 你們說的不錯, 我本來就是。 我是你們的主, 你們的夫子, 尚且洗你們的腳, 你們也當彼此洗腳。 我給你們作了榜樣, 叫你們照着我向你們所做的去做。 我實實在在地告訴你們, 僕人不能大於主人, 被差的人也不能大於差他的人。 你們既知道這事, 若是去行就有福了。』

我們在吃飯的時候, 耶穌說我們當中有人要出賣他; 我們彼此觀看, 不知道是誰。西庇太的兒子約翰, 那個自稱是『耶穌所愛的門徒』靠著耶穌坐著; 他這樣自稱以往真的叫我氣惱, 其實以往日子中, 很多事情我都看不順眼。我向他打個手勢, 便說:『約翰, 問他指的是誰。』

約翰又靠著耶穌, 問他說:『主啊, 是誰呢?』

耶穌低聲告訴約翰, 我僅能聽到他說他蘸一點餅給誰, 就是誰。耶穌就蘸了一點餅, 遞給加略人西門的兒子猶大。猶大拿到

餅後, 表情怪異, 站起來要出去。耶穌告訴他要做的事, 趕快去做吧! 我們眾人都不明白耶穌這話的意思。猶大是管錢的, 可能是叫他去買過節需要的物品, 或是去賙濟窮人吧! 猶大取了那餅便出去了, 那時已經是夜晚了。他離去後, 耶穌說:『如今人子得了榮耀, 神在人子身上也得了榮耀。 神要因自己榮耀人子, 並且要快快地榮耀他。 小子們, 我還有不多的時候與你們同在; 後來你們要找我, 正如我曾對猶太人說過, 如今也照樣對你們說。』他又說:『我賜給你們一條新命令, 乃是叫你們彼此相愛; 我怎樣愛你們, 你們也要怎樣相愛。 你們若有彼此相愛的心, 眾人因此就認出你們是我的門徒了。』

我很困惑, 便插口問他:『主啊! 你要到那裡去?』耶穌回答說:『我所去的地方你們現在不能跟著去, 但是將來你們會跟著我去。』我問:『主啊! 我為何現在不能跟著你呢? 我可以為你捨命。』我又說:『縱使萬人跌倒, 我斷然不會!』耶穌轉過來直望著我, 說:『你願意為我捨命嗎? 我實實在在地告訴你, 雞叫以先, 你要三次不認我。』

我想這是不可能發生的事! 他怎可以這樣對這磐石彼得說呢? 我跟從了他這一段日子, 他應該很認識我吧! 於是我強調堅持, 說:『就算死, 我也不會不認你!』其他的人也同聲附和, 我們是他的手下嘛! 我們還有兵器在身呢!

那天晚上氣氛很緊張, 我們都很憂愁、低落。他還說了許多話, 有人還問到有關他要去的地方。我想我可能會不認他嗎? 心裡很難受。簡直不合情理, 我豈會這樣做呢?

他又說不會撇下我們作孤兒, 必要到我們這裡來。這也很奇

怪，我們各人大部分都是父母健在，我倒不是個孤兒！

他又回到愛我們這個話題，繼續說：『我愛你們，正如父愛我一樣；你們要常在我的愛裡。你們若遵守我的命令，就常在我的愛裡，正如我遵守了我父的命令，常在他的愛裡。這些事我已經對你們說了，是要叫我的喜樂存在你們心裡，並叫你們的喜樂可以滿足。你們要彼此相愛，像我愛你們一樣；這就是我的命令。人為朋友捨命，人的愛心沒有比這個大的。你們若遵行我所吩咐的，就是我的朋友了。以後我不再稱你們為僕人，因僕人不知道主人所做的事。我乃稱你們為朋友；因我從我父所聽見的，已經都告訴你們了。不是你們揀選了我，是我揀選了你們，並且分派你們去結果子，叫你們的果子常存，使你們奉我的名，無論向父求甚麼，他就賜給你們。我這樣吩咐你們，是要叫你們彼此相愛。』

跟他同在的時候，就算我言語和行為有甚麼差錯，我都常常感到被愛。那天晚上，最後他向他的『父』禱告，也為我們、他的門徒禱告。他禱告的話叫我很希奇，我一直都在再三思量。他說：『你從世上賜給我的人，我已將你的名顯明予他們。他們本是你的，你將他們賜給我，他們也遵守了你的道。』他是在說我們、他的門徒，我們還未遇到耶穌之前，是屬於他的『父』的人，『父』把我們賜給耶穌。我們還未認識他之前，我們一直都是屬於神的人？我從來沒有這樣想過。然後他說：『凡是我的，都是你的；你的也是我的，並且我因他們得了榮耀。』這實在太奇妙了！我們使他得榮耀！那些神蹟和教訓使他得榮耀，我可以理解，但是我們這群失敗者怎麼可能使他得榮耀呢？這真的令我很驚訝。

不久之後，我們都出去了；我想約翰·馬可都告訴你們發生了的事。我們所有人都跟著耶穌到橄欖山的園子去，想你都知道在

那裡發生的事了。我從奮銳黨的西門那裡取了把刀隨身帶著, 以防萬一, 他知道那裡可以拿到兵器。當那叛徒猶大帶著那些從殿裡來的惡人要來捉拿耶穌, 我知道是出手的時候了; 我揮刀迎敵, 把其中一人的耳朵割掉, 血濺沙場。耶穌卻阻止我, 從地上拾回那血淋淋的耳朵, 放回在那人的傷口處, 醫治了他! 這場仗就完了。

我們都放棄了, 我放棄了! 我還可以作甚麼呢? 周圍呼天搶地, 我…我拔足而逃了。很慚愧, 我逃之夭夭了。

我擺脫了那些殿衛, 跑離那園子, 踫到了其中的一個門徒。我們發覺沒有人在跟著, 便決定遠遠地跟隨著他們。那門徒是大祭司所熟悉的, 於是隨著耶穌進到大祭司的院內, 但我卻要在院外等候。那門徒後來返出來, 跟當值的一個婢女講了句話, 便帶我進去。到了門前, 那婢女問我:

『你是門徒中的一個, 是嗎?』

我想也不想, 立即否認了。我來到院子裡面, 又有另外一個婢女, 看到我站在炭火旁取暖, 走近看著我, 說:『你是跟那拿撒勒人耶穌一夥的。』

我對她說我不知道她說甚麼, 便走向院的入口通道去。過了一陣子, 站近我的人說:『你是加利利人, 肯定是他們中的一個, 』我急得口吐粗話, 大聲說我不認識他們所說的這個人!

立時, 我聽到雞叫。我想起耶穌說過的話:『雞叫以先, 你要三次不認我。』我崩潰了, 在痛哭。我乘夜黑, 潛逃了出去。

我獨自跑出來, 不知道去那裡才好。跟著兩天, 我迷失在極

度的失望和悲痛中。在七日的頭一日，我終於露面出來，踫到了一些其他的門徒，他們告訴我發生了甚麼事。當然我知道他死了，但不知道他被埋葬的地方。因為埋葬時近安息日，他們匆匆埋葬了他，有些婦女要去善後完成處理他遺體的工作。

於是這幾個婦女，包括抹大拉馬利亞、另外一個馬利亞和約翰的母親撒羅米去到墳墓那裡，我留下來跟約翰和其他人一起。我自慚形穢，沒有跟人說話。我聽到約翰描述耶穌被釘十字架那天的情景，知道他的母親有人照顧，她的姊姊撒羅米安排安葬的事宜，我也稍微安樂一點。約翰說耶穌交託他要照顧他的母親像自己的母親一樣，這都合理，他們是親戚嘛！我對每個人都憤怒，特別是對我自己。有一次我們為了很微小的事情吵鬧起來，我裡面充斥了的悲痛和羞愧，都爆發出來。於是我決定返回加利利，試圖收復掉下了的打漁故業。我的好弟弟安得烈也來到，但看來他不太熱衷於重操故業。老實說，我那時沒有心情去理會他要做甚麼。

我還在收拾行裝，那些婦女突然衝進來，一派胡言，講到甚麼空墳墓、天使和耶穌復活的故事。我喝止她們，說他們是精神錯亂了。然後撒羅米走過來，摟著我的肩膀，眼睛盯著我，對我說天使特別盼咐她來告訴門徒和我！她說天使特別點名提到我『彼得』，不是西門，聽來好像有甚麼特別重要的意思。再一次，我又哭起來了。我覺得我是微不足道的小沙粒，焉能稱為磐石呢！

抹大拉馬利亞堅持要我們自己去看，於是約翰和我去到墳墓那裡。她指給我們看，墳墓的確是空的，裹屍布仍然在那裡，我想不通是甚麼一回事。約翰和我回來後不久，馬利亞從墳墓那裡回來，說在那園子內遇見了耶穌，他是活生生的，耶穌還跟她談話！她看起來不像是瘋了，但我真的想不通。整天都有許多傳言，有兩

個人在去以馬忤司的路上遇到耶穌,我想他們可能是見到鬼魂之類的東西吧!但他們卻絕對肯定是耶穌。

七日頭一日的晚上,我們一些耶穌先前的門徒聚在一起,因為怕猶太人,把門鎖上。我們在談論這些事情。馬利亞確定耶穌跟他說話,還託她傳訊告訴我們他復活了,將要升天到他的『父』那裡去。她還說耶穌稱我們為兄弟,我倒自覺不配做他的兄弟,我是個懦夫,如果他以後再不見我,我一點也不希奇。我們也聽到猶大懸樑自盡的消息,我們都默然無語。然後,有人說:『該死!』好些人也附和同意;他們隨即轉過來狠狠的瞪著我,我又哭了。房子內變得很靜,然後有些驚訝的歎聲。我抹乾眼淚和臉,忽然看見耶穌在房內,站在我們中間,實在太不可思議了!我又禁不住哭了,用手蒙著臉在哭著,聽到他說:『你們平安。』

說完後,他將他的手和肋旁給我們看。起初的震撼過後,我們都非常喜樂,我們親眼見到主,不是鬼魂啊!耶穌又說:『你們平安!父怎樣差我,我也怎樣差你們。』他說的時候望著我,我的眼淚又湧出來了,我想向他陳明我心中的歉意。他向我們吹一口氣,說:『你們受聖靈。你們赦免誰的罪,誰的罪就赦免了;你們不赦免誰,誰就不蒙赦免。』房子裡面瀰漫著那奇妙的平安,更充滿了我的心。我感到他赦免了我,我也要赦免他們,甚至我那可憐的弟弟安得烈;我立刻擁抱著安得烈。眨眼間,耶穌再不在我們中間,無聲無息地離去了。

七日之後,我們所有的人都在一起,耶穌又回到我們中間。耶穌跟我們顯現的第一晚,多馬不在,他心情壞透了;這天晚上多馬也在,耶穌來到跟他談話,那情景太感人了!我卻有點嫉妒多馬,我是那麼失敗,羞愧仍然抓著我的心。

過了些日子, 我們一行七人, 包括了西庇太兄弟、多馬、迦拿來的拿但業、其他兩個門徒和我, 離開耶路撒冷, 回到加利利去。我告訴他們我要去打漁, 他們也要去。我們上了船, 整晚一條魚也打不到。

清早時分, 我們看到岸人有一個人生了炭火, 起初不知道是耶穌。他向我呼叫:『兄弟, 你們有打到魚嗎?』那聲音聽來很熟悉。

我們回答:『沒有。』他怎會知道我們沒有打到魚呢? 他說:『把網撒在船右邊, 你們便會打到。』我們照他吩咐做, 網幾乎拉不上來, 因為魚甚多。

這個場景很熟悉, 幾年前我也曾打到同樣巨大的漁獲呢! 約翰對我說:『西門, 是主!』那時我赤著身子, 聽到這話, 立即用衣服圍著腰間, 跳進水中, 回到岸上。船離岸不遠, 不到一百米, 其他人便把船搖到岸邊, 拖著滿了魚的網。我來到岸上, 看到有炭火, 上面有魚和餅。我站著全身濕透, 看著魚、炭火和耶穌。

耶穌對我們說:『你們打到的魚, 拿一些來。』於是我爬到船上, 把網拉到岸上。網滿了魚, 魚那麼多, 網卻沒有破。耶穌對我們說:『來, 吃早飯吧!』我們沒有人敢問他是誰, 因為知道是他。

耶穌走來, 拿著餅, 遞給我們, 也照樣拿魚給我們。我們吃完飯後, 耶穌轉過來直望著我, 問我說:『你愛我比其他人更多麼?』我立刻記起我昔日誇口縱使其他人離棄他, 我卻不會離棄他。我感到很不安, 回答說:『你知道我是你親愛的朋友。』我難以啟齒, 我沒有愛他, 我不認他; 我說不出我愛他, 最好也只是他的朋友。

耶穌說:『照顧我的羊。』我們默然望著熊熊的炭火。耶穌再

問我愛他嗎? 他稱呼我西門, 不是彼得。這次他不問我跟其他人比較, 直接地問我愛他嗎? 我心如刀割, 心裡的羞愧和罪咎泛濫了!

我回答說:『主你知道我對你有朋友的愛。』我內心彷如翻天覆地般, 眼前迷矇的炭火使我回想起那天晚上我在炭火旁向人不認他。淚水禁不住要湧出來了。耶穌說:『牧養我的羊。』又一段冗長的沈默。

然後, 耶穌第三次問我:『約翰的兒子西門, 你是我親愛的朋友嗎?』

耶穌三次問我, 我心碎了! 我說:『主啊, 你無所不知, 你知道我怎樣地愛你。』我大哭起來, 滿臉都是淚水。過了好一段時間, 我感到他伸手按在我肩頭, 說:『餵養我的羊。』他又對我說, 真的, 在年少的時候, 我自己束上帶子, 隨意往來; 但到年老的時候, 我要伸出手來, 別人要把我束上, 帶我到不願意去的地方; 我卻不明白他的意思。

然後他對我說:『來跟從我!』回想那天, 我第一次在加利利岸邊遇到他, 我親眼目睹那巨大的漁獲, 我感到自己是個罪人, 他叫我來跟從他。今天, 也在湖畔, 也有巨大的漁獲。三次, 他問我是他的朋友嗎? 我三次不認他! 三次, 他問我愛他嗎? 每次我都感到他在送回給我我心中失去的東西。昔日他說我要做得人的漁夫, 今天他說我要轉行做牧人了。今天他再次叫我來跟從他, 我就起來, 跟從了他! 不再否認, 單單以我的真我與他同行。我人生以後的故事, 你都知道了吧!

福音書中的彼得

西門彼得在加利利的百賽大經營漁業。他的名字是約拿（或約翰）的兒子西門，直到耶穌為他改名作彼得。馬太、馬可和路加都記載了耶穌在迦百農彼得岳母的家中醫治她的故事；保羅在《哥林多前書》提到彼得的妻子；由此可見彼得是有妻室的人。東正教會稱他的妻子為費布羅尼亞（Febronia）並訂定六月二十八日為紀念她的聖日。在符類福音書記載中，彼得（原名西門）是跟他的弟弟安得烈和西庇太的兒子雅各和約翰一起打漁為生的。

在《路加福音》中，耶穌在革尼撒勒湖邊傳道，很多人來擠擁著他，他借用了西門彼得所擁有的一條船來向岸上的人講話。他又叫西門和他的同伴雅各和約翰一起下網打漁，得到很大的漁獲，叫他們驚訝不已，隨即跟從了他。《約翰福音》記載安得烈和另一個不知名的門徒聽到施洗約翰見證耶穌是「神的羔羊」，便跟從了耶穌。其後，安得烈找到西門，對他說：「我們找到彌賽亞了。」然後帶彼得去見耶穌。

三卷符類福音都記載了在耶穌被捉拿時，他的同伴把大祭司僕人的耳朵割下。《約翰福音》也有記載，並且指出是彼得出手用刀割下大祭司僕人馬勒古的耳朵；路加更加上耶穌把耳朵放回在那僕人的傷口上，把他治好了。這個神蹟是耶穌在聖經記載的第十三個和最後的神蹟。

當天晚上，彼得正如耶穌預言，在雞叫以先否認是耶穌的跟

隨者。彼得痛哭後逃了出去，直到耶穌復活那清晨才再露面。

在《約翰福音》記載中，那些婦女和那位「耶穌所愛的門徒」先去到墳墓那裡，看到墳墓是空的；彼得是第一個進入墓內去察看的人。在路加的記錄中，婦女們回去報告墳墓是空的，其他的門徒都不以為然，只有彼得一人去查看究竟。他急忙跑去到墳墓那裡，看到裹屍的布仍然在墓裡，回去後卻沒有告訴其他的門徒。

保羅在他寫給哥林多人的第一封信中列出了看見復活後的耶穌的人，彼得是名單中的第一個人。保羅在主後55年寫這信，那時福音書還未成書，所以這是歷史中復活後耶穌顯現的最早記錄。名單當中包括一些人沒有記在福音書中，例如那五百個人和耶穌單獨向他顯現的兄弟雅各。保羅根據教會早期傳統，說彼得是復活耶穌的第一個目擊證人，但福音書並沒有這樣記載。

《約翰福音》的末段記載了耶穌復活後向彼得顯現，三次向耶穌肯定他的愛，跟他先前三次不認耶穌成對比，耶穌重新確定彼得的位置。

《使徒行傳》及其後的彼得

彼得在福音書和《使徒行傳》中被列在十二門徒當中。在福音書中，他常跟雅各和約翰一起，被視為耶穌的近身門徒；出現在其他門徒不在場的事件中。彼得宣告耶穌是彌賽亞，他也常以門徒的發言人的身份出現。《使徒行傳》的作者路加記錄了彼得在五旬節那天重要的講道，把他描繪成早期教會極重要的人物。在《使徒行傳》中，彼得領導揀選填補猶大在十二使徒中的空缺；他跟約翰一起兩次面對和擊退公會的控訴；他帶領宣教隊伍去到

呂大、約帕和該撒利亞，為那羅馬百夫長及其全家受洗，對傳福音傳給外邦人起了關鍵性的作用。

到了《使徒行傳》的中段，焦點從彼得轉移至保羅的的事工上。在此之後，彼得在聖經裡很少再被提及。

《使徒行傳》十二章記載彼得被希律王囚在監獄後被天使營救出來。在主後50年的耶路撒冷會議中，保羅跟耶路撒冷教會的領袖會談和決定接納外邦人信徒的問題，法利賽人信徒堅持要求外邦信徒要行割禮，彼得成功抵擋他們。

保羅在《加拉太書》中提到他在耶路撒冷遇到彼得（磯法）；另外一次彼得去到安提阿，他因為站在猶太信徒歧視外邦信徒的陣綫中，被保羅責備。《加拉太書》是新約最早的文獻，這些記錄是在這時段有關彼得最早的資料。

根據教會傳統和《彼得後書》的經文，《彼得前書》和《彼得後書》兩封書信都是出自彼得手筆。

在主後130年，帕比亞（Papias）指出《馬可福音》是基於彼得的回憶錄而撰寫的，今天學者大多都接受這看法。帕比亞根據優西比烏的見證，說：「馬可是彼得的傳譯人，準確地寫下彼得記憶中基督的所作所言，不按照事件次序，都記錄下來。馬可不是主的門徒，沒有親耳聽到主講的話；但他是彼得的門徒，不按主的話的時間次序，卻按其內容主題組織記錄下來。」《教會史》3, 39

同樣地，愛任紐說：「馬太撰寫福音書，彼得和保羅傳道和建立羅馬教會。他們離去或死後，彼得的門徒和傳譯人馬可，將彼得所講述的記錄成書，以供後世。」優西比烏在《教會史》6, 14

中，引述亞歷山大的革利免的記錄，說「彼得在羅馬公開傳揚那道，藉聖靈宣講福音。眾人鼓勵馬可，那跟隨彼得多年的門徒，記錄他所講的話在福音書中，成書後傳交他們。彼得得悉，既不禁止，也不鼓勵。」《駁斥異端》3,1

優西比烏在《教會史》2, 15 中說：「使徒知道是聖靈感動和啟示眾人和馬可。成書後，他甚喜悅，批准在教會頌讀這本馬可撰寫的福音書。」在他另外的著作中又說：「彼得很謙卑，認為自己不配撰寫福音書。他的同工和學生馬可記錄了有關耶穌所作的事，都是彼得親身見證的。馬可的記錄都是基於彼得的回憶錄。」

根據早期教會有力的傳統，彼得跟保羅一起建立羅馬教會，後來被封立為教會的主教。他寫了兩封信，然後跟保羅一起殉道。他可能到過哥林多，因為那裡有自稱是「屬磯法」的黨派。

在《約翰福音》結語中，耶穌提示到彼得要以他的死來榮耀神。「但到了年老的時候，你要伸出手來，別人要把你綁著，帶你到你不願意去的地方。」普遍認爲這句語的意思是指彼得被釘十字架殉道。二世紀時，特土良提到彼得的死；俄利根說：「彼得在羅馬殉道時，自己要求被倒釘十字架。」優西比烏《教會史》III,1

早期教會傳統也說彼得在主後64年，羅馬城大火那年，在羅馬被釘十字架，死時兩手伸開。根據偽經《彼得行傳》，他死在十字架時是頭下腳上地被釘。傳統說他被埋葬的地方，是在梵蒂岡的聖彼得宗座聖殿的聖壇下面。

羅馬的革利免在主後80-98年寫《致哥林多人書》第五章中講到彼得殉道，說：「讓我們學習這一代宗師的尊貴榜樣，他是我們教會最偉大和公義的支柱，因著人的嫉妒而受逼迫以致於死。彼

得忍受不公義的妒恨,多受苦難,最後完成了他的見證,離別了我們,進到他所屬的榮耀裡。」

神的國度:「父」愛的領域

彼得是新約中最複雜的人物之一。我們聽到和讀到許多有關他的故事。從教會最早期的日子,如前所述,《馬可福音》和彼得關係密切,但卻沒有把彼得的失敗和跌倒有絲毫的過濾和隱藏,使我們可以透過接觸到這位脆弱的目擊證人,也能赤露敞開地去經歷「父」愛的領域。

在《使徒行傳》中,彼得早期的教導非常強調耶穌的復活是神的國度同在的明證,是神的國度大能地突破進入到世界中。《馬可福音》記載耶穌初期的事工,馬不停蹄地推展國度的事工;其他的福音書清楚地啟示「父」和國度的連繫。耶穌教導門徒禱告,是向「父」的禱告;很奇怪,馬可沒有記錄這個早期教會普遍通用的禱告。這個禱告引導門徒稱呼神為「父」,像耶穌一樣。耶穌教導門徒在禱告中祈求神的國度來臨,神的旨意行在地上如同行在天上;耶穌教導我們神的國度是「父」的愛運行的領域,祂的愛要實現在這世界中,觸摸到全人類的生命。

在《馬可福音》8:38 中,第一次特別提到「父」。彼得宣告耶穌是那位受膏者、彌賽亞、基督;然後,耶穌講到他要在「父」的榮耀裡和眾天使一起降臨回來。彼得得到了一個新的啟示,開始更清楚了解耶穌和他的「父」的關係。

耶穌,「父」的兒子是教會的根基

在此之前不久，耶穌問門徒眾人說他是誰；馬可記錄了彼得的回應，他宣告耶穌是彌賽亞。《馬太福音》記載這事件時，加上了另外一些詳細資料。

> 「西門·彼得回答說：『你是基督，是永生神的兒子。』 耶穌對他說：『 西門·巴·約拿 ，你是有福的！因為這不是屬血肉的指示你的，乃是我在天上的父指示的。 我還告訴你，你是 彼得，我要把我的教會建造在這磐石上；陰間的權柄不能勝過他。 我要把天國的鑰匙給你，凡你在地上所捆綁的，在天上也要捆綁；凡你在地上所釋放的，在天上也要釋放。』」《馬太福音》 16:16-19

《馬太福音》撰寫的目的是以耶穌的生平和工作來教導早期教會，因此會反映出早期教會面對的問題。可能彼得謙卑，沒有將耶穌說「乃是我在天上的父指示的」這句話完全地記錄在《馬可福音》內；也可能到後來，當他心裡更深入掌握到這真理的時候，他才能完全領悟到這個啟示的意思。

耶穌稱西門為彼得的時候，用「佩特拉 petra」這個字來形容教會的根基，有很重要的含義。羅馬天主教傳統長久以來認為這是指使徒彼得個人，教會建立在他身上；由此延伸至羅馬教會凌駕於其他教會之上的觀念。改革宗的傳統卻不願意接受這看法，認為磐石是指彼得的宣告：「耶穌是那受膏者、彌賽亞、永生神的兒子」。這個宣告是教會像磐石般堅固的根基，教會的根基磐石是神藉著彼得向我們啟示的真理：「父」神宣告祂的獨生愛子耶穌是主、基督。在五旬節那天，彼得講道結束時說：

「這耶穌，神已經叫他復活了，我們都為這事作見證。他既被神的右手高舉，又從父受了所應許的聖靈，就把你們所看見所聽見的，澆灌下來。」…「故此，以色列全家當確實地知道，你們釘在十字架上的這位耶穌，神已經立他為主，為基督了。」《使徒行傳》 2:32-33, 36

「父」的榮耀是祂的愛

耶穌帶著彼得、雅各和約翰登上那高山變像的事件銘刻在彼得心中。這事件記錄在《馬可福音》中，彼得自己在他的第二封書信中也提到。

在《彼得後書》1:12-14，他提醒讀者已有的真道，在他還在世時仍然要提醒和激發他們。然後又說：「我要盡心竭力，使你們在我去世以後時常記念這些事。」在《彼得前書》5:13，彼得提到「他的兒子馬可」。如前所述，相信馬可是根據彼得的回憶錄和教導來撰寫他的福音書。

彼得繼續在他的後書中說：

「我們從前將我們主耶穌基督的大能和他降臨的事告訴你們，並不是隨從乖巧捏造的虛言，乃是親眼見過他的威榮。他從父神得尊貴榮耀的時候，從極大榮光之中有聲音出來，向他說：『這是我的愛子，我所喜悅的。』我們同他在聖山的時候，親自聽見這聲音從天上出來。」《彼得後書》 1:16-18

彼得描述他在聖山上親自聽到和看見的事。經過了多年的反

覆思量後，他寫下他的目擊證人的見證，「父」怎樣說話和肯定耶穌是祂的愛子，祂所喜悅的，這是耶穌從他的「父」得尊貴和榮耀的時刻。「父」充滿著愛地肯定他作為兒子的位份，表達在他身上感受到的喜悅和自豪，這便是耶穌從「父」得到的榮耀。

使徒約翰昔日也在那聖山上，在他的福音書的起頭說：「道成了肉身，住在我們中間，充充滿滿地有恩典有真理。我們也見過他的榮光，正是父獨生子的榮光。」《約翰福音》 1:14

約翰像彼得一樣看到這神的榮耀顯在耶穌身上的情景，不單是山上那耀目潔白的光芒，卻是「父」對耶穌說的那「愛的宣言」。約翰記錄了耶穌最後的禱告，耶穌為自己和門徒禱告後，也為我們所有人禱告：

「『我不但為這些人祈求，也為那些因他們的話信我的人祈求， 使他們都合而為一。正如你父在我裡面，我在你裡面，使他們也在我們裡面，叫世人可以信你差了我來。 你所賜給我的榮耀，我已賜給他們，使他們合而為一，像我們合而為一。 我在他們裡面，你在我裡面，使他們完完全全地合而為一，叫世人知道你差了我來，也知道你愛他們如同愛我一樣。』」《約翰福音》 17:20-23

這是何等奇妙的真理! 耶穌將「父」賜給他的榮耀，賜給我們。這是耶穌上十字架前的禱告，這是門徒已經經歷到的真理，耶穌已經賜給我們榮耀，使我們與父、子、聖靈合而為一。這不是說我們忽然變得頭上有金環、滿口金牙或是滿身灑上了金粉; 當然

如果這些是神同在的外顯是很好的，但我們得到的是神榮耀的充滿，祂的愛完全傾倒在我們身上。耶穌代表「父」去愛門徒，使他們領受到神的愛。耶穌在《約翰福音》15:9 說：「我愛你們，正如父愛我一樣；你們要常在我的愛裡。」正如「父」宣告他的兒子耶穌得榮耀一樣，他們也認識和感受到「父」的愛。

「父」沒有撇下我們為孤兒

那最後的晚上，耶穌跟門徒聚在一起，挑戰他們，也安慰他們的愁心；他應許不會撇下他們沒有人安慰，他賜給他們另一位安慰者，聖靈。聖靈要提醒他們一切耶穌所說的話，安慰他們；在憂愁中與他們同行；住在他們裡面，永遠跟他們同在。保羅在他的書信中也確定聖靈把「父」的愛傾倒在我們心中，「因為所賜給我們的聖靈將神的愛澆灌在我們心裡。」《羅馬書》 5:5

耶穌對門徒說他要賜另一位安慰者給他們，含意他們已經一直有一位安慰者；耶穌是他們的安慰者，代表「父」撫養他們，與他們同在，每一天把從「父」得到的愛傾倒給他們。他說他不會撇下他們為孤兒，必到他們那裡。耶穌聽到「父」對他說這句話，便跟他的朋友們分享《約翰福音》13:8。「父」也要到他們那裡作安慰者，他們不會被撇下為孤兒無人安慰。門徒當中可能父母已經離世，肉身是個孤兒，但其他人，例如雅各和約翰，他們的父母還健在。耶穌的意思不單只是肉身上的安慰，卻是生命中更深層次的安慰。

昔日在伊甸園中，亞當和夏娃聽了撒但的謊言，開始不信任神，取了那分別善惡樹上的果子，罪便好像病毒一樣滲透了他們的心懷意念。他們墮落了，失去了神是他們的「父」的結連。從那天開

始, 全人類跟神的關係走進了孤兒的世界。他們看神的時候, 失去了兒子看父親的眼光, 卻變成了破碎和被隔離的孤兒, 不再認識「父」, 甚至不知道誰是他們的「父」。

在那最後相聚的時刻, 耶穌告訴門徒他們不要像被遺棄的人, 繼續以「孤兒心」活下去, 他們有一位「父」來到他們那裡。三年以來, 耶穌藉著他的話語和生命啟示「父」, 此刻, 他向他們啟示「父」的愛是何等的深長, 何等的豐富。

彼得踏上人生的新旅程, 不再是破碎的孤兒, 卻是神、他的「父」的兒子; 享受「父」的安慰和愛, 與耶穌聯合地活著, 跟耶穌同行, 被聖靈充滿。最後, 彼得說:

「願頌讚歸與我們主耶穌基督的父神! 他曾照自己的大憐憫, 藉耶穌基督從死裡復活, 重生了我們, 叫我們有活潑的盼望, 可以得着不能朽壞、不能玷污、不能衰殘、為你們存留在天上的基業。 你們這因信蒙神能力保守的人, 必能得着所預備、到末世要顯現的救恩。」《彼得前書》 1:3-5

第十一位講故事的人

約翰·馬可
福音書的作者

「我整個晚上都在忙碌幫助母親,那個時候我們在耶路撒冷有一所房子;在起初幾年,『那道的跟隨者』在城中很活躍的時候,他們很多時都在我們家中聚集。我母親馬利亞是那婦女團的成員,不是耶穌的母親,也不是抹大拉的馬利亞,雖然她們都是我們認識的婦女。我們的房子很大,有一個大房間足夠容納他們經常聚集在一起相交、促膝談心。

那一個晚上,耶穌和他的門徒想用我們的房子來吃慶祝逾越節的晚餐,我們樓上那寬大的房間正好派用場。那時我剛剛從井裡取水,拿著一大罐水回家途中踫到西門彼得和約翰,他們跟隨我回家,問我可否借用這房間。他們自備了過節要用的東西,我幫他們拿到樓上,然後晚餐時我也在侍候。按照習俗,我拿了一大瓶水和盤子上去,以供他們抵埗後洗濯用,可能我還要服侍他們,為他們洗腳呢!到了晚上,耶穌帶著他十二個門徒來到,他說不用勞煩我了,他早有好的安排。

他們圍著餐桌坐，邊吃邊談。我給他們拿食物的時候，聽到耶穌說跟他一起吃晚餐的人中間，有人要出賣他。我看到他們都很驚愕和憂愁，每個人輪流問耶穌：『肯定這不是我吧？』然後他說是他們十二個人中間的一個；他靠近約翰對他說跟他一同蘸餅吃的，就是那人。我站在一旁留心聽著，他說人子要如經上所記般受害，但出賣人子的人有禍了！他不生在世上倒好！房間裡的氣氛變得很緊張，我於是拿多一些餅給他們吃，來舒緩氣氛。他們吃的時候，耶穌拿起餅來，祝謝了後擘開分給門徒，說：『這是我的身體，你們拿著吃。』然後又拿起一杯酒來，祝謝了遞給門徒，他們都喝了；然後，他說：『這是我立約的血，為多人流出。我告訴你們，從今以後，我不再喝這葡萄汁直等到我在神的國裡喝新的那日子。』

　　我站在房角聽到這番話，給他們清理杯子後，便離開他們。那是一個漫長的晚上，我的家人大都睡了，我躺在褥子上等待著他們聚會完離去後便關燈睡覺；我想我打盹了，後來給他們唱詩的聲音弄醒，那已經是夜深時分。後來他們離去走進漆黑的夜空，我很想跟著他們看個究竟，於是隨手抓了張被子蓋在身上，靜悄悄地跟著他們。他們穿過城內短短的一段路，出了城門，過了汲淪谷，然後隨著小徑，沿河谷對岸而上，走到橄欖樹林和園子那裡，看來是要上橄欖山去。

　　我在他們後面不遠處跟著，可以聽到他們邊走邊談。耶穌中途停了下來，轉身對他們說他們都要跌倒退去，因為經上記著說：『我要擊打牧羊人，羊群便要分散。』他又說他復活以後要在他們前頭到加利利去。我還聽到西門彼得誓言：『縱使所有人跌倒退去，我一定不會。』

耶穌停下來對他說:『我實實在在告訴你, 今天...今晚雞叫兩次以先你自己要三次不認我。』西門彼得非常堅決, 誓言縱使要跟他同死, 他決不會不認他。然後其他的人也隨口附和。

他們沿谷而上來到一處地方, 叫客西馬尼的園子。我離他們不遠跟著他們, 可以聽到他們的說話。到了那地方, 耶穌叫門徒留下休息, 他要去禱告。

他帶著彼得、雅各和約翰, 走進園子裡。他很憂愁痛苦, 我爬在樹叢中靠近他, 想要看到和聽到他。他對那三個門徒說:『我心憂傷致死。你們留在這裡, 警醒禱告。』

再向前行少許, 他伏在地上, 祈禱說如果可以的話叫這時刻離他而去。我知道如果給門徒看見我, 就麻煩了, 於是我躲在樹叢中不讓他們看見; 我在地上爬行, 盡量靠近耶穌, 好聽到他的禱告。他說:『阿爸, 父! 在你無所不能, 求你叫這杯離開我吧! 但不要按我的意思, 要按你的意思。』我很希奇驚訝, 我年幼時這樣稱呼我父親, 卻從來沒有聽過有人這樣稱呼神!

過了一陣子, 他站起來, 回到門徒那裡, 發覺他們全都睡熟了, 便對彼得說:『西門, 你睡了嗎? 你可以警醒片刻嗎? 要警醒禱告, 免得入了迷惑。你們心靈願意, 肉體卻軟弱。』

他再次出去同樣地禱告, 也是稱呼神為『阿爸』。他又回到門徒那裡, 他們又睡著了, 因為他們實在很困盹, 他也無話可說。他第三次回到門徒那裡, 對他們說:『你們還要睡嗎? 夠了! 時候到了, 人子要被交在罪人手裡。起來! 走吧! 出賣我的人來了!』

忽然, 我看到有人帶著火把從小徑上走進園子裡, 我很害怕。

耶穌還在說話，十二個門徒之一的猶大出現，帶著一班祭司長、文士和長老差來的人，拿著刀和木棍來到。看來他給了他們一個記號，他跟誰親嘴，誰就是他們要捉拿的人。猶大跑到耶穌那裡說：『拉比！』隨即跟他親嘴。他們便進前來拿住耶穌。彼得站在旁邊，拿出攜帶著的刀，揮刀把大祭司的僕人耳朵割掉，鮮血淋漓。耶穌說：『我是在策動叛亂嗎？你們為何帶著刀槍來捉拿我呢？我每天在殿裡教訓人，你們卻不捉拿我，但聖經所預言的必要成就。』所有的門徒都四散逃跑，離他而去；我簡直不能相信自己的眼睛，他們竟然會這樣落荒而逃。

在漆黑混亂中，有一個殿衛差點跌倒在我身上，他想抓住我，我拼命掙扎逃脫了他的魔掌，拔足飛跑離去；慌亂中他把我蓋在身上的被子拿了，我赤著身子奔跑，希望沒有人看到我，一口氣跑回到家裡。

那個我畢生難忘的晚上，我第一次見到耶穌，那時我還不是跟隨他的人。我跟母親馬利亞一起住在耶路撒冷，我們的家成了他們的活動中心。那釘十字架的情景是如此恐怖，安息日過後耶穌從死裡復活又是何等奇妙的事實。他們很多時候都在我家聚會，耶穌至少來過兩次；因為害怕那些殿衛來找麻煩捉拿他們，我把門鎖上，他沒有叩門，無聲無息地出現在他們中間。他甚至向我要食物，我便拿了食物到樓上房間，他吃得很暢快，絕對不是甚麼鬼魂。

此後幾週，他的朋友和家人常常來到我家，有時把房子擠得滿滿，幸好樓上的房間夠寬敞。耶穌後來離開我們回到他『父』那裡，他離去時很特別，不是忽然地消失，卻是在眾人眼前升到天上去。耶穌離去後第十天的早上，房子裡肯定有過百人，聽耶

穌吩咐在禱告等候。忽然房子在搖晃著, 好像一陣強風吹過似的, 甚至好像是地震, 那陣風充滿了整所房子, 但卻是我從來未有感受過的風, 甚至像火焰般分別降臨到在場各人身上。正如耶穌所應許, 我們各人都被聖靈充滿、覆蓋和包圍著。喜樂歡愉的感覺從我心底泉湧而出, 情不自禁的在不停歡笑, 口中說出我不懂的話, 心中卻感到非常美妙, 我們看來都像是喝醉了的樣子。當時聲音很大, 鄰居都過來叩門要看過究竟。

房子裡的人開始跑到街上, 好像狂歡晚會過後似的, 很多人都前來查看。那天是我人生新歷程的開始, 詳情你可以在路加的第二本著作中找到。

許久之後, 我的表兄巴拿巴帶我跟保羅（原名掃羅）一起去到塞浦路斯。我告訴他們耶穌在那園子裡禱告時稱呼神為『阿爸』, 保羅對此甚感興趣。他說我們也可以這樣稱呼神, 因為神的聖靈在我們裡面, 祂是我們所有人的『阿爸』。

後來, 當我把彼得的回憶寫錄下來的時候, 我也將那天晚上的事情記載在故事中。」

約翰·馬可, 福音書的作者

我們對第二本福音書的作者約翰·馬可認識不詳。他在《使徒行傳》十二章第一次出場, 那時彼得被天使從牢裡救出來後, 來到馬可母親馬利亞的家裡, 教會的人都在那裡禱告祈求彼得被

釋放出來。

> 「想了一想，就往那稱呼馬可的約翰、他母親馬利亞家去，在那裡有好些人聚集禱告。彼得敲外門，有一個使女，名叫羅大，出來探聽，聽得是彼得的聲音，就歡喜的顧不得開門，跑進去告訴眾人說：『彼得站在門外。』」《使徒行傳》12:12-14

從耶穌在世晚期至到教會早期的期間，馬可的家在耶路撒冷。在那最後的一週的時段，可能他親身遇到耶穌，親眼看見發生的事情。從《馬可福音》十一章起所記載的事情，其仔細的內容給讀者有目擊證人報導的感覺。

根據傳統，約翰·馬可是保羅宣教夥伴巴拿巴的表弟。《使徒行傳》十二章末記載巴拿巴和掃羅（保羅）從耶路撒冷回到安提阿，「帶着稱呼馬可的約翰同去。」

在《使徒行傳》十三章，保羅和巴拿巴帶同約翰·馬可，開始他們的第一個宣教旅程，停留在塞浦路斯。後來他們返回大陸那邊，來到旁非利亞，馬可離開了他們返回耶路撒冷。

路加記錄：

> 「過了些日子，保羅對巴拿巴說：『我們可以回到從前宣傳主道的各城，看望弟兄們景況如何。』巴拿巴有意要帶稱呼馬可的約翰同去；但保羅因為馬可從前在旁非利亞離開他們，不和他們同去做工，就以為不可帶他去。於是二人起了爭論，甚至彼此分開。巴拿巴帶着馬可，坐船往塞浦路斯去。」《使徒行傳》15:36-39

自此之後，我們不清楚馬可的情況，除了在《彼得前書》5:13 彼得提到「他的兒子馬可」，普遍被接納是《使徒行傳》中的馬可。後來保羅跟馬可復和修好，在《提摩太後書》4:11 中，保羅叫提摩太要把馬可帶來，因為馬可在傳道的事上於他有益處。

保羅在《歌羅西書》中特別提及巴拿巴的表弟馬可：

「與我一同坐監的亞里達古問你們安。巴拿巴的表弟馬可也問你們安。（說到這馬可，你們已經受了吩咐；他若到了你們那裡，你們就接待他。）」《歌羅西書》 4:10

保羅在羅馬第一次被囚的時候，寫了《以弗所書》、《歌羅西書》、《腓利門書》和《腓立比書》四封獄中書信，推基古是為他帶這些書信的速遞員，巴拿巴的表弟馬可跟保羅在一起。在《腓利門書》1:24 也提到他的同工馬可。

在《新約聖經》中再沒有其他地方提到馬可。當然《馬可福音》被公認是出自馬可的手筆，但在福音書中卻沒有提到他的名字。

教會很早便指出馬可是第二卷福音書的作者。在第二世紀早期，帕比亞指出這福音書的作者：

「馬可是彼得的傳譯人，準確地寫下彼得回憶中基督的所作所言，不按照事件次序，都記錄下來。」

其他早期的文獻作者，例如在高盧（Gaul）里昂的愛任紐（約主後177年），都同意，說：「早期教會傳統和教父都認同馬可是這福音書的作者。」

在整本《馬可福音》的記錄中，常常提到彼得，但卻不都是很褒獎他的。讓我們可以赤露敞開地看到彼得，對彼得的失敗沒有任何過濾，這不是作者對彼得的個人攻擊，如果彼得真的是馬可撰寫的主要資料來源，我們更欣賞他能夠坦然面對自己個人的脆弱。

《馬可福音》14:51 很奇怪地提到一個少年人，他赤著身子從客西馬尼園裡逃跑出去。許多學者推想這是福音書的作者自己，有些人甚至認為這是作者在故事中的「簽署」標記；這種特別的文學手法在現代偶然會有人用，但在古代文獻中卻沒有見過，所以這可能是現代人浪漫的聯想，未必真的表示是馬可本人。另外有人認為這少年人是《約翰福音》十一章的拉撒路，我覺得這似乎是過度推想，因為整本《馬可福音》都沒有提過拉撒路。

在前述的故事裡，我按照學者的推想，進一步戲劇化地描述，馬可不單只在客西馬尼園裡，他也在那樓上的房間內。我的構想主要取自於《馬可福音》，在閱讀第十四章時，我們會留意到那細膩詳盡的描述，突顯了目擊證人見證的特色。學者普遍接受《馬可福音》是最早成書的，是馬太和路加撰寫福音書時的資料來源。這一章的記載中，許多細節看來是只有在場很貼近事件的人才會知道的。

園子裡情景的描述提供了最重要的線索。耶穌撇下彼得、雅各和約翰獨自去禱告，禱告後回到他們那裡發覺他們都睡了，耶穌的禱告怎麼會可以被記錄下來呢？如果三個門徒（包括彼得）全都睡了，他們怎能知道他的禱告內容呢？除非園子裡有另外一個人在場看到和聽到。因此我結論認為這人是約翰·馬可，他也是那赤著身子從園裡逃跑出去的少年人。

耶穌稱呼他的「父」:「阿爸」

馬可告訴我們甚麼有關耶穌的事呢? 這又跟耶穌啟示「父」有甚麼相關呢? 最明顯的真理在於耶穌怎樣禱告, 和在禱告中他怎樣稱呼神。

三卷符類福音書都有記載耶穌在那園子裡禱告, 只有馬可記錄了耶穌稱呼他的父「阿爸」, 這是小孩子向父親的親密叫法, 就像今天我們叫「爸爸」、「爹爹」。今天中東地區的小孩子仍然是稱呼他們的父親「阿爸」。

這個稱呼帶著家、愛、親情、接近和所屬的情懷和親密的關係。耶穌禱告的時候, 他享受著跟「父」那緊密連繫的關係。馬可說耶穌那時心裡極為憂愁難過, 被憂傷壓倒致伏在地上, 他呼叫「阿爸!」在深感痛苦和憂患的一刻, 這稱呼的迴響足以安撫他的傷痛。

馬可聽到和記錄下這個稱呼, 完全是神的啟示, 成為早期教會生命的特徵和基因, 確知他們是「父」的兒女, 也可以像耶穌這樣稱呼「父」。

使徒保羅在他《新約聖經》的書信、《加拉太書》中, 也用了這個稱呼。

「及至時候滿足, 神就差遣他的兒子, 為女子所生, 且生在律法以下, 要把律法以下的人贖出來, 叫我們得着兒子的名分。 你們既為兒子, 神就差他兒子的靈進入你們的心, 呼叫:『阿爸! 父!』」《加拉太書》 4:4-6

保羅寫了這封基督教文獻最早的書信，是回應在《使徒行傳》十五章記載早期教會在那關鍵時刻面對的問題，可能是在保羅第二次宣教旅程再次到加拉太之前寫的。在信中，他清楚闡明他所傳的真福音。他講論到「兒子的位份」和在基督裡我們成為了「父」的兒女。

> 「及至時候滿足，神就差遣他的兒子，為女子所生，且生在律法以下，要把律法以下的人贖出來，叫我們得着兒子的名分。你們既為兒子，神就差他兒子的靈進入你們的心，呼叫：『阿爸！父！』可見，從此以後，你不是奴僕，乃是兒子了；既是兒子，就靠着神為後嗣。」《加拉太書》4:4-7

在這段經文中，因著耶穌死在十字架上，買贖了我們，藉著聖靈，「父」將兒子的靈放進我們的心中。這「兒子的靈」在我們心中，叫我們從心靈深處湧起來，呼叫「阿爸」！

由此，我們被放置在作兒子的位份中，接受到兒子位份所有的權利。「買贖」把我們帶到承受兒子的靈的位置。「收養」這個沿用的翻譯字眼不太合宜，會帶來誤解。現代人用「收養」代表一個孤兒被他的養父母接養的法律過程。保羅寫的時候用了希臘文 uiothesia 這個很難翻譯的字，意思是「被放置在兒子的位份中」。英文翻譯用了近似的字「收養」，卻失去了保羅在經文脈絡中的原意。「買贖」是使我們得到作兒子位份的過程；神迷失了的孩子們藉著耶穌的死被「買贖」，最後被放置在兒子的位置中。耶穌是「阿爸」的兒子，照樣，我們也是「阿爸」的兒女，有同樣深度的親密、親近、所屬和愛情。

「因此我們呼叫:『阿爸! 父! 』 聖靈與我們的心同證我們是神的兒女。」《羅馬書》8:15-16

聖靈對我們的心靈說我們是屬於「阿爸」的人!

保羅怎樣得到這奇妙的啟示呢? 可能當時早期教會都普遍有這認識, 也可能在第一次宣教旅程建立加拉太教會時跟馬可在一起, 馬可跟他分享了他的啟示, 馬可與門徒短短相交, 甚至在客西馬尼園看到耶穌的禱告時得到的啟示。

無論這回憶錄從何而來, 這是我們作為兒女承受的榮耀產業。我們也是「阿爸」的孩子, 我們與祂的關係, 是跟耶穌與祂的一樣, 同樣的確實和親密。

第十二位講故事的人

撒羅米
耶穌的姨母

「我的丈夫西庇太自少就住在革尼撒勒湖（或稱加利利海）打漁為生，他的父親也是個漁夫。我們有自己的船和打漁的生意，在那艱難的日子，我們的生計都算不錯。加利利地區經常遭受外國軍隊的踐踏，現在是被那些羅馬人統治，他們徵稅苛刻，交稅之後我們的收入都所餘無幾。

我們住在湖畔的迦百農，我嫁給西庇太之後便從拿撒勒娘家搬到這裡。我自己的家人大多住在拿撒勒，包括我的妹妹馬利亞，她年青時有個很不尋常的遭遇。那時她已經許配給希里的兒子約瑟，她告訴我那天在她身上發生了一件很異常的事，在家中我們兩人是同床共枕、無事不談的好姊妹。她說天使來到家裡找她……唏，我才不信這些的夢話呢！隨後，馬利亞聽聞我們住在猶太地的親戚伊利沙伯懷了孕，便下去探望她，母親說伊利沙伯年老懷孕，馬利亞去照顧幫忙她一段日子是好的。幾個月後，馬利亞回來，我們發現她身形有異，舉家震驚，她竟然也懷了孕！村裡的人都在竊竊私語，她令到我們全家都蒙羞了！

我父母於是召令那木匠約瑟來，他跟馬利亞已有婚約，一定是他幹的好事！那天，家中一片吵鬧，約瑟來到了，父親怒火冲天，大興問罪之師。約瑟也很懊惱，他堅決否認，馬利亞坐在一旁哭得死去活來。她還搬出那個天使到訪的故事，說她腹中的小生命是從神而來的禮物，胎兒是神的兒子。父親吩咐她住聲，如果給鄰居聽到向拉比投訴，就有禍了；這些話是褻瀆神，他們還可能會視她為妓女，用石頭打死她！那真的是一個非常糟糕的晚上。最後，約瑟向我們父親聲明他不是孩子的父親，不會迎娶馬利亞，但他會低調處理這件醜事，靜靜地休了馬利亞算了。然後，他便離去了。

晚上就寢的時候，馬利亞還對我說天使告訴她胎兒是個男孩，要給他起名叫耶穌。這當然又是一派胡言！世上沒有人能夠知道胎兒的性別，她怎麼可以知道呢？

第二天，約瑟又來到我們家中，他蓬頭垢面，好像昨晚沒有睡覺的樣子。他要跟我父母交談，也要馬利亞在一起。我躲在睡房裡，聽到他們的談話，還在幔子後面偷看外面的情景。

約瑟溫柔地執著馬利亞的手，用他那迷人的笑容望著她，看來一點兒也不似要離棄她。然後，他轉過身來對我父親說，他昨晚睡覺的時候，發了個真一般的夢，天使在夢中對他說：『大衛的子孫約瑟，不要怕，你要把馬利亞娶過來，因為她懷的胎是從聖靈而來。她要產下一個兒子，要給他起名叫耶穌，因為他要把他的百姓從罪惡中拯救出來。』我父母聽得目瞪口呆，馬利亞坐在一旁，她的笑臉閃爍著喜悅的淚光。我馬上衝出去，想要將馬利亞昨晚告訴我的話說出來，『她也知道要產下的是個男孩，要給他起名叫耶穌…』，她還沒有告訴約瑟這一切啊！

我父母叫我不要多管閒事！約瑟和馬利亞都說真有其事，天使分別向他們兩人說『那嬰兒是個男孩，要給他起名叫耶穌』。我父母都很希奇，父親也冷靜下來了。然後約瑟告訴我們，天使說這一切是要應驗上主藉先知以賽亞說的話：『必有童女懷孕生子，他要被稱為以馬內利，神同在的意思。』

然後，約瑟說他不會休馬利亞，要迎娶她到他家裡住，但直到孩子出生之前不會正式進入婚姻關係中同房。我不太明白他的話，想要問過清楚，但我母親卻捏我一把，叫我收嘴。

這件事其他的細節，你都知道了吧！很奇怪地，那些年來，外間還在流傳著有關她嬰孩的謠言，但我家人都清楚知道真相。

許多年以後，耶穌開始公開傳道教訓人。我父母和約瑟都去世了，還記得那些有關耶穌出生真相的人，只剩下馬利亞和我，我們兩人都再不是花樣年華了。

我們在迦百農的打漁事業發展得很好，我的兒子們都長大成人，承接了家業的運作，我的西庇太已經不復當年了。我們都很好啊！我們有僱工幫忙漁船的工作，我的兒子約翰和雅各還跟約拿的兒子安得烈和西門合夥營業。我期待我的兒子們前途似錦，他們都很勤力，如果有適當的聯繫網絡，他們雄霸加利利的漁業，指日可待！回想當年，這是我一生的的夢想。

我的外甥耶穌開始經常在本地的會堂裡講道，眾人都很讚賞他。我的孩子約翰卻跑到猶太地去聽我們親戚伊利沙伯的兒子約翰講道，他也是挺出名的，被稱施洗約翰。他吸引了很多人去到他那裡，不過同時又得罪了不少人，後來甚至被希律安提帕捉拿了。我的約翰從下面回來以後，講述許多關於耶穌的故事。

撒羅米, 耶穌的姨母

不久之後, 我們舉家去到迦拿參加家族的婚筵, 馬利亞和她的家人也來到; 她那時已經是個寡婦了, 大家能夠共聚一堂真好, 不過又有奇事發生啦! 耶穌在筵席上的酒中做了些很不尋常的手腳, 我的約翰說耶穌把幾大缸的水變成了酒; 我也喝過, 肯定是酒, 不是水。這故事家傳戶曉, 哄動一時。

有一天, 耶穌在迦百農沿著革尼撒勒湖邊走, 眾人前來擁著他, 要聽他講話。他看見湖邊我們的兩條船, 我兩個孩子和約拿的孩子們正在洗網。他上了西門的船, 叫西門把船搖到離岸一點, 然後他坐在船中教訓岸上的眾人。

講完後, 他叫西門把船開到水深之處, 下網打漁。他們打到很多魚, 網都快要破了, 便招手叫我的孩子們也開船去幫忙; 他們一起收網, 兩條船都滿了漁獲, 船也快要沉了! 西門從此便加入了耶穌跟隨者的行列, 我想也是因為這個豐富收穫的緣故。

耶穌再向前走, 看到我的孩子和我丈夫西庇太在我們的船上, 正在預備魚網去繼續豐收。他走向他們, 叫他們去跟從他, 他們就立即撇下我丈夫、僱工、船和一切, 跟從他去了! 我要雄霸加利利漁業的美夢和我在我孩子們身上的計劃都頓成泡影。我一心想要為孩子有最好的安排, 現在他們跟從那表親耶穌去周圍流浪, 還有甚麼好前途呢?

過了一段日子, 耶穌的名聲傳遍各地; 他還不時講到他的國, 我開始想像我孩子們的命定是要做大事, 不是做小漁夫。那時耶穌自己的弟弟們沒有跟從他, 我們是他的近親, 這正是我孩子們的好機會了! 於是有一天, 我便帶同我個兩兒子去到耶穌跟前, 我跪下來, 向他求一點兒恩惠。

他問我想要甚麼？我現在跟你說都覺得很尷尬，不過那時我還不明白他的國度是甚麼意思。我想他是那彌賽亞，要趕走那些羅馬人，建立以色列的新國度，這是我的孩子很好的機會。於是我求他，在他的國裡，讓我兩個兒子一個坐在他右邊、一個坐在左邊。

耶穌對我們說：『你們不知所求的是甚麼，我要喝的杯，你們能喝嗎？』

我以為他是說迦拿婚筵中的酒，便推了我的孩子們一下，說當然可以；他們也就跟著說：『我們可以！』耶穌對他們說：『我所喝的杯，你們必要喝；只是坐在我的左右，不是我可以賜的，乃是我"父"為誰預備的，就賜給誰。』

其他十個近身門徒聽到了，便對我兩個孩子非常惱怒，關係變得很僵。這都是我無心之失，我頭腦簡單，不明白這些複雜的事情。耶穌叫了他們來，說：『你們知道外邦人有君王為主治理他們，有大臣操權管束他們。 只是在你們中間，不可這樣；你們中間誰願為大，就必作你們的用人； 誰願為首，就必作你們的僕人。 正如人子來，不是要受人的服事，乃是要服事人，並且要捨命，作多人的贖價。』

我們都察覺到耶穌跟其他的拉比和領袖很不一樣。

幾個月後，情況急轉直下，在耶路撒冷過逾越節的時候到了。我跟我兩個兒子和妹妹馬利亞也去到了那裡，耶穌和我們這群從加利利來的人聚在一起。

那決定性一週內發生了許多事情，直到耶穌被捉拿帶到羅馬巡撫前受審的故事，其他人都告訴你了。我收到消息後立即跟約翰

去找我的妹妹，她很傷心難過。我們嘗試走近羅馬巡撫的官邸去查看，但卻不得要領。聽聞耶穌將要被釘十字架，我很害怕；多年前在拿撒勒附近塞佛瑞斯發生的慘劇，記憶猶新，我自己親眼看到被釘在那殘酷的十字架上的人，慢慢地被折磨致死。我們擠作一團，在巡撫的宮殿外等候消息。約翰潛入到院內去打聽後出來，他面無人色，告訴我們耶穌被羅馬兵打了三十九鞭，彼拉多還同意把耶穌釘十字架。馬利亞聽到快要昏倒了，我們馬上扶著她，嘗試去安慰她。

忽然，群眾大聲呼喊，我們看見士兵把耶穌從宮殿門內帶出來。他的背被打得血肉模糊，頭上還帶著那用荊棘編織成的冠冕，頭破血流；身上被著一塊紫色的布，我們都禁不住地在痛哭。士兵帶著他走，他無力去擔起他要被釘在上面的木架，他們隨手抓了一個路過的人強迫他走在耶穌後面，替他擔著那十字架。有一大群人跟著，包括了那些要為他哭喪的婦女。他轉身對她們說：『耶路撒冷的女子，不要為我哭，當為自己和自己的兒女哭。 因為日子要到，人必說："不生育的，和未曾懷胎的，未曾乳養嬰孩的，有福了！" 那時，人要向大山說： "倒在我們身上！" 向小山說： "遮蓋我們！" 這些事既行在有汁水的樹上，那枯乾的樹將來怎麼樣呢？』

跟他一起被帶去釘十字架的還有兩個罪犯。我們跟著眾人走，其中有些是我們認識的人，但卻見不到其他門徒的蹤影，只有我、馬利亞和約翰；後來有些我們認識的婦女加入了我們的行列，我也不知道我的雅各在那裡。他們來到那稱為『髑髏地』的地方，把耶穌釘在十字架上，兩個罪犯都被釘十字架，一個在他右邊，一個在左邊。

請原諒我，這是非常痛苦的回憶，我實在有口難言。

他們準備要舉起他被釘在上面的十字架，我聽到耶穌說：『"父"啊，赦免他們，他們所作的，他們不曉得。』那些士兵釘耶穌的時候，脫下了他的外衣，分成四份，剩下的內衣是從頭到腳一件的，我記得是我妹妹親手做的，他們沒有撕破，抽籤決定誰得到這件內衣，又抽籤分了他其他的衣服。

他母親和我在十字架附近站著，革羅罷的妻子馬利亞和抹大拉的馬利亞也來到我們中間。耶穌看見他母親和『那耶穌所愛的門徒』，就是我的約翰，站在附近，對馬利亞說：『親愛的，母親，看你的兒子。』，又對約翰說：『這是你的母親。』從此以後，約翰把她帶到我們家中住。耶穌真的非常愛他的母親。

然後，耶穌說他渴了。那裡有一瓶子盛滿了酸醋酒，是讓那些士兵喝得醉醺醺，使他們可以麻木地執行這殘酷無道的職務。他們用牛膝草枝子插上蘸滿了酸酒的海綿放在耶穌口中。

圍觀的人和公會的人還要譏笑他，叫喊說：『若他是彌賽亞，那聖者，要來救人，他可以救自己吧！』士兵也前來戲弄他，拿酸酒給他喝，又說：『你若是猶太人的王，救自己吧！』他們真是麻木不仁！

在他頭上面，有一個告示牌寫著『這是猶太人的王』。羅馬巡撫彼拉多堅持要這樣寫，目的是以此示眾，警告一切存心造反作王的人，這是必然的收場。

他旁邊的一個罪犯也譏諷他說：『你是那彌賽亞嗎？救自己和我們吧！』另一個罪犯卻不同意，說：『你是同樣受刑的，還不懼怕

神嗎？我們是罪有應得的。我們所受的與所作的相稱,然而這個人並沒有作過甚麼不對的事。』他又對耶穌說:『耶穌啊,你得國降臨的時候,求你記念我。』耶穌對他說:『我實在告訴你,今天你必定同我在樂園裡了。』

正午的時候,遍地都變得黑暗。到了大約下午三時,耶穌用亞蘭語大聲呼叫:『以羅伊!以羅伊!拉馬撒巴各大尼?』翻出來的意思是:『我的神!我的神!為甚麼離棄我?』

有幾個站在那裡的人,聽見了就說:『這個人在呼叫以利亞呢。』有一個人馬上跑去拿海綿蘸滿了酸酒,用蘆葦遞給他喝。但其他的人說:『等一等,我們看看以利亞來不來救他。』他們真的很殘忍!

直到大約下午三時,遍地都黑暗了,太陽沒有光。稍後,耶穌大聲呼叫:『"父"啊,我把我的靈魂交在你手裡。』說了這話,又說:『成了!』就斷氣了。

後來,我們聽聞,正正在那刻,聖所的幔子從當中間裂開成兩半!

聚集觀看的群眾,看見所發生的事,都捶著胸回去了。我們與耶穌熟悉的人都遠遠地站著,親眼看到這一切。

過了片時,有一個士兵前來用槍矛刺穿他的肋旁,耶穌已經死了,這是他們給死者最後的羞辱。那時天色昏暗,一小時後就開始是安息日了,我們不知如何是好。天快黑了,始料不及竟然有人來幫忙;公會裡的尼哥德慕和另外一個富翁亞利馬太人約瑟來到,說彼拉多批准他們取下耶穌的遺體在附近埋葬,安息日快

將臨到，他們要趕快行事。約翰和我帶了馬利亞回到城裡，留下其餘兩個婦女跟尼哥德慕和他的朋友辦理耶穌的後事。

我們在極度的憂愁和悲傷中渡過了那安息日，我們都無法安慰馬利亞。到了晚上，我們決定大清早便去墳墓那裡，完成埋葬要做的事。

安息日過後，我跟抹大拉的馬利亞和雅各的母親馬利亞一起帶著香料去膏耶穌的身體。七日頭一日，剛剛日出之後，我們一早起來到墳墓那裡去。我還記得我們都擔心到了墳墓那裡，誰來替我們推開封著墓口的石頭呢？

來到墳墓那裡，我們看到墓口那塊巨石已經被挪開了。我們走進墓裡，看到一個身穿白衣的年輕人坐在右邊，我們都很害怕。他說：『不要驚怕，你們要找那被釘十字架的拿撒勒人耶穌，他復活了！看安放他身體的地方，他不在這裡了。回去告訴他的門徒和彼得："他要在他們前頭到加利利去，正如他對他們說過，他們要在那裡見到他。"』

你可以想像我們當時的感受嗎？我嚇得渾身發抖，我們都不知所措，便從墓裡跑出來。路上沒有人說話，我們既害怕，卻又同時充滿了喜樂。抹大拉的馬利亞自己一個人留在墓地，我跟革羅罷的妻子馬利亞和約亞拿跑回去告訴門徒。我後來離開了她們，去找我的兩個兒子；如果我留下跟他們一起便會見到耶穌，因為我後來知道耶穌忽然在路上遇見他們。

我趕緊回去到耶穌的家人和朋友聚集的地方，我的兒子們也在其中，我便將我所見到聽到的都告訴他們。有些人卻不相信，以為我神經錯亂了。那天晚上，我們都聚在一起，很想分享各人的所

見所聞，誰見到或是以為見到耶穌；有些人不信，說見到的是鬼魂，其他的人都摸不著頭腦。到了晚上，革羅罷和他的朋友從以馬忤斯來到，告訴我們他們所經歷的事。然後，忽然耶穌自己出現在房間內。我的心快要跳出來了，這真的是他！不是鬼魂，是我妹妹的兒子、我的外甥耶穌！他是活生生的，他從死裡復活了！我們知道他所說的一切話都是真的。從這天開始，全世界踏進了一個全新的時代。」

福音書中的撒羅米

在《馬可福音》15:40，撒羅米是耶穌被釘十字架時在場婦女中的一位。《馬太福音》27:56 也有相同的記載：「內中有抹大拉的馬利亞，又有雅各和約西的母親馬利亞，並有西庇太兩個兒子的母親。」

據《約翰福音》記載，耶穌被釘十字架時，提到有三個或是四個婦女，她們是「他母親與他母親的姊妹，並革羅罷的妻子馬利亞，和抹大拉的馬利亞。」通常釋經學者認為撒羅米是耶穌母親的姊姊，是耶穌的姨母。傳統的解釋認為革羅罷的妻子馬利亞就是《約翰福音》中亞勒腓的兒子雅各的母親馬利亞，也就是《馬太福音》中的第三個婦女。教會不同的宗派都同意撒羅米是馬利亞的姊姊。

這幾個婦女都叫馬利亞，難怪我們會有點兒混淆。

在《馬可福音》中，撒羅米是帶著香料去到耶穌墳墓要膏耶穌身體的婦女中的一個。他們發現墳墓口的石頭已經被挪開，見到一個身穿白衣的人告訴她們耶穌已經復活了，叫她們去告訴門徒，耶穌要在加利利與他們相遇。在《馬太福音》同一個故事中，只有兩個婦女，抹大拉的馬利亞和「另一個馬利亞」，就是亞勒腓的兒子雅各的母親馬利亞。

正典福音書中從未稱撒羅米為門徒，她通常被描述為「跟隨耶穌的人」。

西庇太的妻子撒羅米，雅各和約翰的母親，是馬利亞的姊姊，這個關係可見於一些事件中。

在十字架上，耶穌交託他的母親給他的表親約翰照顧，約翰是她的外甥。約翰也有撒羅米的支持，約翰後來接馬利亞回家住，在埋葬耶穌時沒有提到他們三人。在復活的清晨，馬利亞和約翰沒有去到墳墓，只有撒羅米和另外一個婦女去。

早些時候，雅各和約翰的母親出場，她去到耶穌那裡請求耶穌在他的國裡賜給她的兒子尊貴的位置，一個坐在他的右邊，一個坐在左邊。《馬太福音》20:20-28，《馬可福音》10:35-45

他們是耶穌的表親，這個請求看來有另外一個的含義。那時耶穌自己的弟弟沒有跟隨他，約翰也指出在耶穌公開傳道時他的弟弟不相信他。在門徒當中，最近的親戚便是他兩位表親了。撒羅米的要求不是基於她的兩個兒子是最出色的門徒，卻只在拉親戚關係。

西庇太有一個經營妥善的打漁事業，正如木匠、漁夫是高級技

術人士, 被受尊重。他雖非富有, 但也並不貧窮。他的企業有五個夥伴: 西庇太和他兩個兒子, 彼得和安得烈。當耶穌呼召了他的兩個兒子和夥伴去跟從他以後, 西庇太便要依賴僱工來維持事業了。

撒羅米並沒有跟從耶穌到各處去傳道, 她只偶然參加特別的聚會, 例如逾越節的聚會。我們假設西庇太留在家中繼續他的打漁生意; 他的漁船還在, 可以借給耶穌使用, 和在《約翰福音》二十一章中門徒在耶穌復活後回來時使用。

由此可見, 耶穌的姨母撒羅米是耶穌人生中重要事件的主要目擊證人。她在十字架下的所見所聞, 可算最具重要性。當然其他人也聽到耶穌在十字架上說的話, 可以為福音書的作者們提供見證。

我把這些話集合起來, 放進在撒羅米講述的故事中; 四位福音書的作者一共記錄了耶穌在十字架上說的七句話:

「『父啊! 赦免他們; 因為他們所做的, 他們不曉得。』」《路加福音》 23:34

「『母親, 看, 你的兒子!』」《約翰福音》 19:26

「『我渴了。』」《約翰福音》 19:28

「『我實在告訴你, 今日你要同我在樂園裡了。』」《路加福音》 23:43

「『以羅伊! 以羅伊! 拉馬撒巴各大尼?』(翻出來就是: 我的神! 我的神! 為甚麼離棄我?)」《馬可福音》 15:34,《馬太福音》 27:46

「『父啊！我將我的靈魂交在你手裡。』」《路加福音》 23:46

「『成了！』」《約翰福音》 19:30

「父」沒有離棄他在十字架上的兒子

耶穌在十字架上說的每句話都有很重要的含義，多方面地反映出他的人生和命定，值得我們仔細思考和研究。

當他的手和足被釘的一刻，耶穌呼叫他的「父」。他求「父」赦免他們所作的；他們所作的代表了全人類都參與謀殺耶穌。在這偉大救贖的時刻，他知道「父」的心意是藉著他帶來赦免和復和，因此他能夠為我們所有人祈求赦免。保羅在《歌羅西書》中說：

「你們從前在過犯和未受割禮的肉體中死了，神赦免了你們 一切過犯，便叫你們與基督一同活過來；又塗抹了在律例上所寫、攻擊我們、有礙於我們的字據，把它撤去，釘在十字架上。 既將一切執政的、掌權的擄來，明顯給眾人看，就仗着十字架誇勝。」《歌羅西書》 2:13-15

藉著他的死，全人類可以被帶回家。雖然那些士兵不知道所作的；成了肉身「父的兒子」卻絕對了解正在發生甚麼事，從他口中說出赦免。

耶穌將他母親交託給他親愛的朋友和表親約翰照顧，表達出他的愛。他自己身處極度的苦痛中，仍然關懷那位為他十月懷胎、

把他帶到人間的母親,充分彰顯出那動人心弦的慈憐和安慰。耶穌的「父」、憐憫的「父」、賜各樣安慰的神,向那忠心的使女、蒙大恩和憐愛的女兒、拿撒勒婦人馬利亞傾出祂的愛。

神的兒子耶穌在肉身受盡十字架的折磨,口乾舌燥,他渴了!那在十字架上受苦的不是甚麼超人,卻是完全成了肉身經歷人生苦痛和死亡的一個普通人,他非常口渴。

他跟在他兩邊釘十字架的罪犯談話,一個譏諷他,一個懇求他;耶穌的口中的話帶來生命和盼望,他們其中一個人今天要跟他一起進到樂園裡。約翰在福音書中記錄了耶穌說的七句「我是」,都要在那十字架上將要死的罪犯身上實現了。那「好牧人」即將要為他的羊捨命;耶穌死在十字架上成為了那破碎的人的門,進入到「父」的同在;他是通向「父」那裡的道路,帶來真理和生命;他是世界的光,生命的糧和活水。那罪犯將要在耶穌裡踏進復活的生命,領受完全的醫治和喜樂。這真的是樂園啊!

「『以羅伊!以羅伊!拉馬撒巴各大尼?』(翻出來就是:我的神!我的神!為甚麼離棄我?)」這句叫我們震驚的話,是甚麼意思呢?

「父」離棄了耶穌嗎?耶穌被撒下獨自受苦嗎?這句話是破碎、絕望和挫敗的話嗎?

很多人這樣解釋:耶穌背負著世人所有的罪,「父」轉身不理不看祂的兒子,這是耶穌當時的感受。這解釋反映出他們對神的認識;他們認識的神是那復仇、憤怒的神,祂在烈怒中要求絕對公義和聖潔,必需滿足對罪的懲罰;祂不是那慈愛的「父」。世人一切的罪都落在被釘十字架的耶穌身上,祂必需掩面不看他,撒

下他獨自受苦。這個對神的看法在西方基督教幾百年來根深蒂固。巴斯達·古格在他的書中對這個課題有很詳盡的討論，指出這看法跟聖經真理有天淵之別。

古格說：

「有人要我們相信當亞當墮落那天，父神心中充滿了屠殺生靈的憤怒，要求必先懲罰，然後才考慮赦免；他們要我們相信，當耶穌基督被掛在十字架上，「父」的烈怒傾倒在耶穌身上，而不是在我們身上。」

他繼續說：

「耶穌基督上十字架不是要改變神，卻是要改變我們。他不是藉著死去安撫『父』的怒氣，或是去醫治『父』一分為二、又愛又恨的心。耶穌基督上十字架是向『墮落』叫停，撤銷解除墮落帶來的困局，改變墮落後的亞當在他『父』面前的景況，有系統地消除他跟『父』的疏離，使『父』對我們的心意和夢想可以成就，在他裡面，耶穌把我們放置在他被『父』高舉提昇的位置裡。」巴斯達·古格《亞當的失落與耶穌》Jesus and the Undoing of Adam C. Baxter Kruger 2003

為何耶穌說這話呢？很多釋經書都指出這句話是《詩篇》二十二篇起頭的第一句話。耶穌被「父」提醒想到這奇妙的詩篇。這詩篇是大衛的詩其中一篇，是先知預言性質的詩篇。這詩篇特別描述神的兒子被掛在十字架時的感受，其中有許多經節跟耶穌正在經歷的互響共鳴。

詩篇的開始是那從十字架上來的呼喊:「我的神, 我的神! 為甚麼離棄我? 為甚麼遠離不救我? 不聽我唉哼的言語?」那些在場熟悉這詩篇的人, 例如尼哥德慕, 甚至可以背誦出來; 他們聽到耶穌引用這經文的時候, 可以深深體會到詩篇的預言正在他們眼前應驗。耶穌完全擁抱著我們的人性, 這句話正好表達出我們的懼怕、被疏離和遠離神的感受。在十字架上, 耶穌自己跟我們的破碎、敗壞和墮落的人性完全聯合; 這是「父」的愛子成了肉身的終極表現。

但耶穌不像我們, 他沒有失去盼望, 沒有看不到他的父神。他認識到他的「父」是坐在寶座上以色列的聖者(第三節), 是可倚靠的、是解救以色列的神(第四節)。他被掛在十字架上的時候, 面對譏諷:

> 「凡看見我的都嗤笑我; 他們撇嘴搖頭, 說: 他把自己交託耶和華, 耶和華可以救他吧! 耶和華既喜悅他, 可以搭救他吧!」《詩篇》 22:7-8

那些譏諷耶穌的人所說的話, 幾乎與經文完全相同:

> 「祭司長和文士並長老也是這樣戲弄他, 說: 『他救了別人, 不能救自己。他是以色列的王, 現在可以從十字架上下來, 我們就信他。 他倚靠神, 神若喜悅他, 現在可以救他; 因為他曾說:"我是神的兒子。"』 那和他同釘的強盜也是這樣地譏誚他。」《馬太福音》 27:41-44

耶穌引用這詩篇, 呼求他的「父」來安慰他。

> 「求你不要遠離我! 因為急難臨近了, 沒有人幫助

我。 有許多公牛圍繞我, 巴珊大力的公牛四面困住我。 牠們向我張口, 好像抓撕吼叫的獅子。」《詩篇》 22:11-13

耶穌把他的母親交託給約翰照顧, 詩人的相似情懷也反映在這詩篇中:

「但你是叫我出母腹的; 我在母懷裡, 你就使我有倚靠的心。 我自出母胎就被交在你手裡; 從我母親生我, 你就是我的神。」《詩篇》 22:9-10

那些士兵所作的事和釘十字架的苦痛和摧殘都描繪在這詩篇裡。

「我如水被倒出來, 我的骨頭都脫了節, 我心在我裡面如蠟熔化。 我的精力枯乾,如同瓦片; 我的舌頭貼在我牙牀上。 你將我安置在死地的塵土中。 犬類圍着我, 惡黨環繞我; 他們扎了我的手, 我的腳。 我的骨頭, 我都能數過; 他們瞪着眼看我。 他們分我的外衣, 為我的裡衣拈鬮。」《詩篇》 22:14-18

正如古格說, 詩篇二十二篇從苦痛轉向到神得勝的介入, 再進到將來, 預言後世的人回顧這事件的時候, 就明白這是萬軍之耶和華成就了的救恩。

「地的四極都要想念耶和華, 並且歸順他; 列國的萬族都要在你面前敬拜。 因為國權是耶和華的; 他是管理萬國的。 地上一切豐肥的人必吃喝而敬拜; 凡下到塵土中－不能存活自己性命的人 －都要在他面前

下拜。」《詩篇》 22:27-29

古格繼續說:

「耶穌呼喊『我的神, 我的神, 為甚麼離棄我?』很諷刺地, 這句話竟然帶給我們對十字架上發生的事一個全新的演譯。以往我們認為在那刻, 憤怒的神將祂的烈怒傾倒在祂的兒子身上, 完全地拒絕他; 相反地, 在十字架那刻, 『父』絕對沒有拒絕和離棄祂的兒子, 沒有向他隱藏祂的面, 沒有轉身不理他。根據這詩篇來演譯十字架, 『父』根本始終沒有離棄耶穌。詩篇告訴我們將來的世代必會明白這是神的同在、拯救和救恩, 而不是神的拒絕。」《亞當的失落與耶穌》第37頁

「因為他沒有藐視憎惡受苦的人, 也沒有向他掩面; 那受苦之人呼籲的時候, 他就垂聽。」《詩篇》 22:24

「父」沒有藐視、轉身不顧祂受苦的兒子, 沒有向他掩面。相反地, 三一神,「父」、「子」和「聖靈」親密地一起完成救贖的計劃, 走進墮落了的人性, 把我們帶回家。

詩篇二十二篇繼續說:

「他必有後裔事奉他; 主所行的事必傳與後代。 他們必來把他的公義傳給將要生的民, 言明這事是他所行的。」《詩篇》 22:30-31

詩篇來到這奇妙的高潮, 預言宣告基督在十字架成就的大功, 要傳與後世, 因為耶穌為所有人死了。保羅宣告這奇妙的真理:

「原來基督的愛激勵我們；因我們想，一人既替眾人死，眾人就都死了； 並且他替眾人死，是叫那些活着的人不再為自己活，乃為替他們死而復活的主活。」《哥林多後書》 5:14-15

彼得也同聲和應：

「因基督也曾一次為贖罪受苦，義的代替不義的，為要領你們到神面前；就肉身來說，他被處死了，就聖靈來說，他得以復活；」《彼得前書》 3:18 《環球聖經譯本》

耶穌在十字架上受苦，詩篇的話在他的心靈裡響起共鳴。到了這可怕事件高潮的時刻，耶穌說：

「『父啊! 我將我的靈魂交在你手裡。』」

那詩篇最後的句子何等偉大壯麗地向我們展示宣告「這是他所作的。」（第31節）希伯來文這裡用的動詞很強調「完成了」的意思。沒有被遺忘、沒有被離棄，卻被「父」接納和歡迎。然後，十字架上傳來那驚天動地、震撼寰宇的呼喊；不是破碎、挫敗和絕望的哀號，卻是勝利、榮耀、喜悅的吶喊歡呼。

「tetealestai！都完成了！成了！」

「耶穌又大聲喊叫，氣就斷了。 忽然，殿裡的幔子從上到下裂為兩半，地也震動，磐石也崩裂。」《馬太福音》 27:50-51

「父」奇妙的愛啟示的第一部份完成了；抹大拉的馬利亞收到了餘下最後的一個啟示。

第十三位講故事的人

抹大拉的馬利亞

「我身心疲累不堪，整個人都快要崩潰，雙眼都哭得紅腫了；安息日過後，七日的頭一日，我大清早便起來。

過去三天是我一生最難受的日子，整個世界好像在我周圍倒塌下來，一連串發生的事把我完全摧毀。我最親愛的朋友耶穌被他自己門徒中的一個惡意出賣，被捉拿到可憎的羅馬巡撫那裡受審，偽造罪狀控訴他。從星期四晚上直到星期五早上，這些駭人的事情一幕一幕地發生。我不能相信這些事情竟然會發生在他身上，我隨著人群來到耶路撒冷城牆外行刑的地方，眾人怒氣沖沖地呼喝著，我擠在他們當中，勉強可以看見那被定罪的人沿著城內的街道拖著一個大木架走出來，我認識他。自從那奇妙的一天，兩年來我都一直跟隨和支持他。

多年以來我的生命飽受折磨摧殘，那天我第一次遇到他，心底累積的傷痛終於煙消雲散。在我裡頭有個聲音在控訴、折磨我，我一生不斷地與它爭戰。每次我嘗試要脫離它得自由，便聽到那譏諷的笑聲，使我覺得是徒勞無功；我嘗試漠視它，對自己

說這只不過是幻覺，但它卻仍然一直存留在我裡面。眾人都說我是被污鬼附著，使我覺得孤單無助。直到我遇到這位耶穌，年來一直在向我說謊話、叫我受苦的污鬼終於離我而去了。耶穌充滿仁慈、愛心和憐憫，我一生也不會忘記那天他望著我的眼神，毫無半點控訴、定罪、譏諷和駭怕。他定睛望著我的時候，我覺得他在看透了我內心深處；我有生以來第一次感受到被愛、接納、珍惜和尊重。從他口中出來簡單的一句話，我內心的傷痛、憂慮、罪咎、羞恥、孤單和懼怕都消失於無形。現在我感受到自己一切都煥然一新，是個整全、完美和自由的人，就好像希伯來那神聖數字「七」代表的完全。

從那天開始，我便與其他有相似經歷的人一起跟隨著他。我愛他，景仰他，不是出於我的私慾，完全是發自感恩的心。我常常聽他講道，留心聽他的教導和故事；我很愛聽他講故事，他用的字眼和表達方式很奇妙，聲音很動人。

聽到他的聲音，我心裡便充滿了喜樂和亮光；他似乎真的明白我，他的話在我心靈的深處奏出美妙的迴響。他呼叫我的名字『馬利亞』的時候，我的心都融化了，他的語氣聲調使我感覺那麼潔淨、整全和蒙愛，從來沒有人這樣稱呼我的名字。多年以來，我一直相信自己是如此失敗和不配，那不止息的謊話令我情緒癱瘓，耶穌的話卻帶給我生命和真理。

他常常肯定我是獨特的，他的『父』神深深愛我。他講及他的『父』時很特別，初時我還以為他在說他父親約瑟，後來很快便發覺是他的『父』、他的神；從來沒有人像他那樣講述全能神的，真的動人心弦！難怪有些法利賽人不喜歡他，不停地攻擊他。我還記得那天他稱那些法利賽人為粉飾的墳墓，外面的宗教善行看來潔

淨耀目，裡面卻滿是腐臭的死人骨頭。聽到的人都捧腹大笑，當然那些法利賽人卻不會欣賞他的幽默感。我知道裡面腐敗的感受，我自己也經歷過，卻從這可怕的光景中得到釋放和自由，如果他們肯打開眼睛去面對真理，他們也會像我一樣得到釋放和自由。

與他同在是何等舒暢和充滿生命力的經驗。我對我的朋友約亞拿說我要跟隨他，意料不到，她也要跟隨他。幾個月以後，我們兩人都起來跟隨他，收拾行裝跟隨他到耶路撒冷去。這旅程卻不是我們想像的那樣，耶路撒冷有很多法利賽人，而且是不好惹的人，他們不時都在設陷阱害他。我們堂堂皇皇地進入耶路撒冷城，群眾夾道歡迎，揮著棕樹枝，很熱鬧的場面，我想很快他就要被立為「耶路撒冷王」啦！但在那幾天之內，我們發現反對勢力非常強大，情況愈來愈凶險。

那最後的晚上，他跟那十二位男士們一起慶祝逾越節，我們忙著預備，讓他們好好相聚。聚會中途，那『快閃』的猶大急忙地拿著錢袋閃閃縮縮地離去；我跟約亞拿和屋主馬利亞在房子的樓下幫忙清理一切，馬利亞的兒子約翰·馬可在樓上房間服侍，清理筵席的用具。約亞拿還以為猶大出去結賬，不過那似乎又不是合適的時分，看來有點古怪。他往山上朝著城內祭司居住的方向走，我肯定他心懷不軌，我真希望那時我叫奮銳黨的西門去跟蹤他，西門的刀法很了得，可能會改寫歷史呢！

時間已經晚了，他們還在樓上房間聚會，馬利亞為我們安排在她家中過夜。到了凌晨時分，約亞拿和我被一陣急促拍門聲吵醒，便去開門；一打開門，馬可急不及待赤著身子衝進來！他告訴我們發生的事，我們馬上要到巡撫宮殿去看個究竟。

去到那裡，看到一群兇神惡煞的人，看來是在場的祭司們在指揮一切。我們試圖擠到前面去看清楚，卻不得要領。過了個多小時，彼拉多出來，喝令群眾安靜，說要帶耶穌出來，讓他們知道他查不到耶穌定罪的原因。耶穌被帶出來了，我看到難過得要死，他被打到遍體鱗傷，滿面血跡和瘀青，頭上戴著荊棘造的冠冕，身上披著一件破爛的紫色袍子，真的慘無人道，他們竟然這樣折磨虐待他。彼拉多大聲向眾人說：『看哪，你們要的人在這裡！』

祭司長和他的差役一看見耶穌，便大聲叫嚷要釘他在十字架，像暴徒般狂叫：『釘他十字架! 釘他十字架!』

彼拉多命令他們住聲，大聲說：『你們把他帶走，釘他十字架吧! 我卻找不到定他罪的證據。』公會的人堅持要根據他們的律法處死他，因為他自稱是神的兒子；彼拉多聽到這話後，很害怕，便返回到他的宮殿裡。

公會的領袖和祭司繼續叫嚷說：『你如果釋放這人，便不是該撒的朋友。凡自稱為王的都是該撒的敵人!』彼拉多聽到這話，便帶耶穌去到『舖華石處』廣場，他自己坐在審判官的坐位上，那時約是正午，他說：『這是你們的王!』

他們更大聲的叫嚷：『除掉他! 除掉他! 釘他十字架!』

彼拉多問他們是否要他釘他們的王在十字架? 他們回答說除了該撒，他們沒有王。

我和在後面的幾個人出聲請求釋放他，我一出聲，有兩個暴徒立刻推撞我，大力用手打我的嘴巴，把我打倒在地上，幸好約亞拿在旁立刻扶起我，我才不致被他們踐踏致死。

最後，彼拉多喝令眾人住聲，然後把耶穌交給他們去釘十字架。

群眾蜂擁而上，約亞拿和我被擠在其中，隨著人流而行，直至出到城外，才靠著牆壁停下來擠在一起。我找到西庇太的兒子約翰和耶穌的母親馬利亞，她非常悲傷但卻很冷靜。那殘酷的情景一幕一幕的展示在我們眼前，我們彼此扶持，掩臉痛哭。過了片時，約翰來說耶穌想要見她，兩人慢慢走到山崗上去，我留下來跟其他從加利利來的婦女在一起，卻看不到我們當中那些男子漢蹤影。

約翰帶了馬利亞回來，我們繼續留守在那裡。最後，約下午三時，天色昏暗，風雲變色，異常地黑暗，我聽到從十字架上傳來的呼喊：『父啊，我將我的靈魂交在你手裡。』，然後耶穌最後呼叫了一聲便氣絕了。忽然地大搖動，地震使我們仆倒在地上，看來神在哀號似的。

快到晚上了，要辦理的事很多，我們想要取下他的身體，在傍晚安息日開始之前，把他安葬在墓裡，時間來得很迫切。出乎意料之外，有兩個公會的人，尼哥德慕和約瑟來到幫忙我們。不夠時間來洗淨和用香料膏耶穌的身體了，只可以簡單地用細麻布包著，我答應會跟其他的婦女，安息日過後便一早再去墳墓完成他的身後事。

隨後是非常難過的一天，我整天都在哭，晚上也睡不著，事情發生得太突然、太快了。終於有些我們的男子漢一個一個地現身了，他們都害怕殿衛要來捉拿他們。通常身先是卒的彼得變成了一堆破碎的殘垣敗瓦；我聽聞他竟然向一個婢女說他不是跟隨耶穌的人，我們有些人都不肯跟他說話。看來他一夜之間衰老

了很多,以往的鋒芒已不復見了。

　　整個晚上,我都在哭,輾轉反側,偶然睡了又驚醒過來。天還未亮,我忍不住了,便起來摸黑中到墳墓那裡,看到封著墓口的石頭被挪開了,於是跑回去告訴西門彼得和約翰有人把耶穌的身體取去了,不知放在那裡。彼得和約翰一起跑去墳墓那裡,約翰跑得快先到,他彎著腰向墓裡看,見到細麻布還在,他沒有進去。然後,西門彼得到了,直跑進墓內,看到細麻布和裹頭巾,分別在地上原來的位置;那原本先到的約翰也走進墓內,他後來說那一刻他才相信。我們都不明白聖經說及耶穌要從死裡復活的話,在此之前,我想其實我們沒有人真的相信。然後,門徒回到他們聚集的地方。

　　我留下來站在墓外哭。我一面在哭,一面彎身向墓內看,見到裡面有兩個人身穿潔白發光的衣裳,坐在放耶穌身體的位置,一個在頭,一個在腳。我嚇了一跳,始料不及會看到他們,他們一定是天使!

　　他們問我為何哭!我心裡想:『明知故問?』,但我對他們說:『有人把我的主取去了,不知放在那裡。』在那刻,我轉過身來,看見一個人在晨曦朝霧中站著,原來是耶穌;那時我不知道是他,還以為是看園的或是其他的人。

　　他問我:『婦人,為何在哭呢?你要找誰?』我回答說如果你把他取了,請告訴我你把他放在那裡,我好取回來。

　　他叫了我的名字:『馬利亞。』

　　我轉頭對著他,用亞蘭語呼叫:『拉波尼!』,就是夫子的意思,我常常是這樣稱呼他的。耶穌對我說:『你不要拉住我,因

為我還沒有上去見 "父"。你要到我的弟兄們那裡去,告訴他們我要上去見我的 "父",也是你們的 "父";見我的神,也是你們的神。』我立刻飛奔回去,向門徒報信說:『我已經看見主了!』又把主對我所說的話告訴他們。

以後的事,留給其他人講述吧!他確實是活著,但似乎有點改變了,可能因此我們起初不認得他。他肯定不是鬼魂,他像你和我一樣,有血有肉,又吃食物,他卻可以隨意來去如飛。我最後一次見到他是在往伯特利的路上,他帶著我們所有人出耶路撒冷城往橄欖山去。我還以為要去拉撒路的家裡,不過他和他的姊妹都跟我們一起,我便問他們,馬大似乎也很擔心如何招待這一大群訪客。最後,我們只走了不遠的路,大約是安息日可走一千步的路,他停下來,我們都圍著他。他舉起手來祝福我們,正在那時,他被提到天上,離開我們去了。我知道他升到他的『父』那裡去了,那復活的清晨在園子裡他已經告訴我。我們所有人都親眼看到他升到天上,他面上帶著勝利的笑容,好像帶著我們一起去的樣子。我們都跟他聯合在一起,我感到他在帶領著許多兒女跟他一起進榮耀裡。我深知道,有一天我也要去到他那裡。

我們定睛凝視他升天,漸漸在雲端不見了。忽然,我發覺有兩個白衣人站在我們旁邊,看來似曾相識。我記起來了!就是那天在墳墓裡見到的那兩個人…天使!他們問我們為甚麼站著定睛望天,這位被接升天離開我們的耶穌,我們看見他怎樣往天上去,他也要怎樣回來。我們都沒有半點離愁,卻充滿著喜樂,期待將要發生的事!

之後,我們再留在城內約十天。我們經常聚在一起禱告,有餘下的十一個門徒和後來補上的馬提亞,一些婦女和耶穌的母親

馬利亞，有點意外地，還有從拿撒勒來耶穌的兄弟們。我始終都不明白彼得為何一定要選出一個人來填補猶大留下來的空缺，用抽籤方法在馬提亞和約瑟巴撒巴兩人選出了馬提亞來。典型的男子漢，要用抽籤方法來做決定！沒相干，五旬節那天一切都改變過來了。」

在福音書中的抹大拉馬利亞

在福音書中，這個婦人在耶穌人生的最後日子才出場，現身在十字架旁和復活清晨的園子裡；我們只知道她名字是抹大拉的馬利亞。

但是，坊間卻充斥著許多構想出來關於她的資料，有一本偽經福音書中提到她的名。有些流言傳說還演變成吸引人的流行故事。我們可以在網上找到許多關於她的資料，絕大部分都是沒有真實的歷史根據，雖然有些自稱來自可靠的資料，但大多是躲在神秘的面紗後面，真假難辨。

其中最出名的流言說馬利亞替耶穌生了一個兒子，承接那神聖的血脈；這個故事滲入到許多有關耶穌遺留下來聖物的流言傳說裡，其中近代最流行的可算是但·布朗（Dan Brown）的虛擬小說《達文西密碼》。

許多人對馬利亞有許多構想。有些人認為她是個妓女，跟那用眼淚擦耶穌腳的女人混淆了；有些人以她為不道德婦人蒙恩

得買贖的典範。《新約聖經》的四卷福音書都有提到抹大拉馬利亞的名字，但從來沒有說她是個妓女或是罪人；整本《新約聖經》都沒有任何暗示她是個妓女或是不道德的女人。六世紀教宗格雷戈理 (Pope Gregory) 在一連串有關馬利亞的講道中將從她身上被趕出去的七個污鬼連繫等同於天主教思想中的七種致死的罪。從此，這個觀念便融合在早期和中古世紀的思想中，她被視為一個蒙救贖的妓女。主後179-235年，羅馬主教希坡律陀 (Hippolytus) 還封她為「使徒門的使徒」，她這個崇高的形象卻在六世紀後蒙受玷污。

但是，今天現代的學者們對她改觀，重新視她為一位早期基督徒領袖。

無論根據甚麼資料來源，對她有怎麼樣的看法，抹大拉的馬利亞都不是個陌生的人物。

事實上，除了在四卷正典福音書中有關她的記錄外，我們不太認識她；提到她的地方有十二處，比其他一些門徒還多。有人認為他是新約中第二位重要的婦女，第一位是耶穌的母親馬利亞。

《路加福音》8:2 第一次提到抹大拉的馬利亞。那時耶穌在加利利，路加列出了跟隨他的人，男的有那「十二門徒」，然後路加以他典型的風格，非常詳細地列出跟隨耶穌的婦女。

「和他同去的有十二個門徒，還有被惡鬼所附、被疾病所累、已經治好的幾個婦女，內中有稱為抹大拉的馬利亞（曾有七個鬼從她身上趕出來），又有希律的家宰苦撒的妻子約亞拿，並蘇撒拿，和好些別的婦女，都是用自己的財物供給耶穌和門徒。」《路加福音》8:1-3

從以上的記載，我們可以有許多構想，這些婦女是誰，他們怎麼可以打進耶穌的近身圈子內？在福音書的記載中，我們可以聽到這些目擊證人的見證和回憶分享。路加特別提名記錄她們，早期教會的人可能都熟悉她們。我假設路加親身遇到她們，從她們口中聽到有關耶穌的故事，更重要地，他聽到那些目擊證人見證耶穌的所言所行。

路加特別提到耶穌曾經在抹大拉的馬利亞身上趕出七個污鬼，《馬可福音》16:9 也有同樣的記載。《馬可福音》現有最早的古卷很突然地結束於16:8，有些學者認為後期版本16:9 以後的一段是在早期的古卷流傳之後加上的，為要使福音書有較完整的終結，因而可能採用了《路加福音》中有關耶穌從抹大拉的馬利亞身上趕出污鬼的記載。馬利亞從耶穌得到了很重大的釋放和醫治，從此便跟耶穌和跟隨他的人有緊密的聯繫；這是廣泛地被接納的事情。

她被稱為抹大拉馬利亞或是抹大拉的馬利亞，指出她是來自加利利湖邊的村子抹大拉。她是加利利的本地居民，很有可能親眼看到和親身體驗到《路加福音》第八章所記載耶穌在加利利的工作，她自己也是在這段時候，得到耶穌的釋放和醫治。

她生命得到釋放，享受著自由新生，領受著耶穌的教導訊息，一直跟隨著耶穌。她在福音故事末段中出現，在最後幾天的事件中扮演了特別重要的角色。耶穌被羅馬人釘十字架的時候，抹大拉的馬利亞在那悽慘苦痛的時刻在場支持耶穌，為他的死哀哭。在十字架旁，除了「那耶穌所愛的門徒」，第四卷福音書的作者約翰以外，「十二門徒」其他的男子漢都雞飛狗走、逃之夭夭；婦人抹大拉的馬利亞卻一直留守在那裡，親身跟耶穌同在，陪伴他走人生

最後的旅程; 在那復活清晨, 她親身經歷復活主的顯現和同在。

約翰在他的福音書記述了這些事件, 顯示出她的重要角色。耶穌復活後的第一個啟示和訊息, 只有她一個在場接收, 然後傳給門徒。埋葬的時候, 她在場; 最早認知耶穌從死裡復活的人的名單中, 在四卷福音書中她都榜上有名。約翰和馬可特別地指出她是第一個人看見復活後的耶穌。請參閱《約翰福音》20:11-18,《馬可福音》16:9。

在墳墓那裡的抹大拉馬利亞

當我們把四個有關在七日頭一日復活清晨的記載並列作比較的時候, 會發現有一些重要的差異, 同時也有共通的地方, 初時會感到困惑。許多釋經書和聖經學者都試圖解釋這些差異, 我在這裡不是要協調這些記錄, 也不會作判斷分析。這些差異反映出這些不同記錄是基於不同資料來源, 見證人對事件有不同的觀點。通常對一些重大和慘痛的事件, 不同的人會有很不同的觀點角度和反應。四卷福音書記載抹大拉的馬利亞和她的反應卻是共通一致的。

四卷福音書都記載了抹大拉的馬利亞在七日的頭一日大清早去到墳墓那裡。根據約翰, 她起初自己一個人去, 而其他福音書的記載是她跟一位或兩位婦女同去。《馬可福音》16:1 記載她跟雅各的母親和撒羅米一起去。在《路加福音》24:10, 路加也提到另一個名叫約亞拿的婦女, 她也是跟隨耶穌的。馬可還記錄了她們在去墳墓途中的談話, 她們帶著香料準備用來膏耶穌的身體, 在途中彼此對問:「誰來替我們挪開墓口的石頭呢?」來到墓前一看, 那塊大石已經被挪開了。

四個故事都記載到天使出現在墓內，發光像閃電。是一個抑或是兩個天使呢？婦女們當時很害怕震驚。馬太記載到看守墳墓的人見到天使後嚇得要死。很明顯，天使的出現叫在場人困惑和驚怕，他們的反應包括震抖、跌倒在地、逃跑，這可能導致記錄上有些差異。

四位福音書的作者都清楚記錄了共通一致的事實。復活是千真萬確的；耶穌肉身從死裡復活了；整個事件是超自然和神大能的作為；天使對那些在震驚和害怕的婦女說的話都一致相同。

「為甚麼在死人中找活人呢？ 他不在這裡，已經復活了。」《路加福音》 24:5-6

「不要害怕！我知道你們是尋找那釘十字架的耶穌。他不在這裡，照他所說的，已經復活了。」《馬太福音》28:5-6

「不要驚恐！你們尋找那釘十字架的拿撒勒人耶穌，他已經復活了，不在這裡。請看安放他的地方。」《馬可福音》 16:6

這些經文帶出一個具體和一致的訊息，傳給以後歷世歷代，是基督教福音的核心：「他復活了！」

每一位福音書的作者不單只寫下耶穌一生的歷史事蹟，各人都有他們獨特的焦點和目的。馬可以彼得的回憶錄和教導為資料來源，自然會包括了彼得的參與。

「你們可以去告訴他的門徒和彼得，說：『他在你們

以先往加利利去。在那裡你們要見他，正如他從前所告訴你們的。』」《馬可福音》 16:7

路加的目的是給提阿非羅按著次序撰寫記錄，「使你知道所學之道都是確實的。」《路加福音》 1:4

所以他加上了天使所說的話：

「當記念他還在加利利的時候怎樣告訴你們，說：『人子必須被交在罪人手裡，釘在十字架上，第三日復活。』」《路加福音》 24:6-7

婦女們把訊息報給門徒，他們有信的，也有些人不信。彼得和約翰來回墳墓那裡，但卻沒有遇見天使和耶穌；這些顯現看來是特別為婦女們安排，尤其是抹大拉的馬利亞。

約翰詳細地記錄了馬利亞那清晨的經歷，更有力地顯示約翰是直接從抹大拉的馬利亞得到她的獨家資料、回憶錄和親身體歷。

馬太也知道對話的內容，簡短地記錄下來。

「天使對婦女說：『不要害怕! 我知道你們是尋找那釘十字架的耶穌。他不在這裡，照他所說的，已經復活了。你們來看安放主的地方。快去告訴他的門徒，說他從死裡復活了，並且在你們以先往 加利利 去，在那裡你們要見他。看哪，我已經告訴你們了。』」

「婦女們就急忙離開墳墓，又害怕，又大大地歡喜，跑去要報給他的門徒。忽然，耶穌遇見她們，說：『願你

們平安!』她們就上前抱住他的腳拜他。 耶穌對她們說:『不要害怕! 你們去告訴我的弟兄, 叫他們往加利利去, 在那裡必見我。』」《馬太福音》 28:5-10

我們是耶穌的弟兄, 神也是我們的「父」

這是神奇妙恩典新時代的開始, 這是復活的日子。耶穌從墳墓裡復活了, 戰勝了死亡, 帶來生命。那咒詛已經被破除, 撒但嘗試咬他的腳跟, 但婦人的後裔已經傷了牠的頭。人類不再受轄制在律法的舊約中, 這是恩典的新時代。我們從黑暗的權勢中被遷到愛子的國度裡。第一個亞當歸回塵土, 我們都活在他墮落的後果中; 那末後的亞當已經從墳墓中走出來, 為第一位亞當所有的後裔帶來那真正美好的福音。

撒但的陷阱使到亞當和他妻子夏娃生命失去了保障, 充滿了懼怕和羞恥, 他們要躲在無花果葉子做的衣服後面, 不敢面對創造他們的「父」。

在創世之初, 那園子裡充滿了失落和懼怕。主神問他:「你在那裡?」亞當自己的話赤裸裸地把他景況表露無遺:

「『我在園中聽見你的聲音, 我就害怕; 因為我赤身露體, 我便藏了。』」《創世記》 3:10

從此以後, 全人類都與神隔離, 害怕神, 要躲藏起來。

在這邊廂, 另一個園子裡, 空墳墓外站著一個婦人, 她很害怕, 在哭著, 很困惑。她眼看她親愛的主、拉波尼死在最殘酷的

刑具上。她感到絕望、被遺棄和孤單，披帶著哀傷、失落和悲痛。

這個婦人，抹大拉的馬利亞，像伊甸園裡那第一個婦人，也遇到了天使。她彎身向空墳墓裡面看，要尋過究竟。是否剛才悲痛過度看錯了、看漏了呢？西門彼得和約翰有沒有找清楚呢？那時，墓不再是空的，有兩個天使坐在墓內放屍體的兩個位置，問她為甚麼哭。這次天使不是要設陷阱害她，卻是來肯定她，帶走她的害怕，來安慰她，為她帶來盼望和好訊息。

她的回答聽來很熟悉，歷世歷代以來，我們都以不同方式作出這同樣的回答：「因為有人把我主挪了去，我不知道放在哪裡。」

這回答背後的含義，我們都很有共鳴。她害怕地隱藏在哀傷的面具後面，心裡其實是在說：「我在找尋我的主，他卻躲藏起來。」我們躲起來不敢見神，我們的破碎使我們瞎了眼，相信是神躲藏起來，叫我們找不到祂，祂隱藏在那神秘的幔子後面，我們不能看見祂。在這園子裡，這歷世歷代的頭號謊話快要被粉碎了！

她轉過身來，清晨朝露迷濛中有一個人站著，他是耶穌；正如千百年來以至後來世代的人，她起初不認得他，因為那不是她期待的場景，也不是她期待會見到的人；透過她迷糊的眼光，以為是看園子的人。他問她兩個非常重要的問題：「你為甚麼哭？你在找誰？」這兩個問題表面上看來似乎有點不近人情，馬利亞幾天以來落在悲傷的深淵裡，但那復活清晨卻要帶她到喜樂的泉源那裡去。

她還未認得他，問他耶穌的身體在那裡。在她心裡她的主已經死了，他的身體可能被掉到城外欣嫩谷的亂葬崗那裡。「欣嫩」就是「地獄」的意思。耶穌真的到了地獄去了，但他不是一個

死屍，卻是世人的救主；他已經復活了，現正站在園子裡，要宣告那翻天覆地，改變人類歷史的訊息。

他簡潔的回答，只是一個字，她的名字「馬利亞」。

他認識她，以往都是這樣地稱呼她。那熟悉的稱呼，那親密的心靈接觸，全都表達在這簡單直接的稱呼中。她立刻知道是耶穌，所有懼怕和憂傷都不見了，都變成了喜樂，不信變成了確信。她馬上跑去擁著耶穌，耶穌也擁抱安慰她，然後對她說：「不要拉住我，因為我還未升到我『父』那裡。」他卻不是禁止或是責備她。她自然地拉住他，不想再失去他；耶穌告訴她他要升到「父」那裡，好叫她可以永遠在「父」的擁抱中，正如所有在基督裡的人一樣。

巴斯達·古格在《亞當的失落和耶穌》一書中更豐富地探索這真理，他說：

> 「福音是驚人的消息，告訴我們在神的兒子身上發生了那驚人的事，同樣地，在耶穌裡面，也有驚人的事發生在全人類身上。全人類在亞當，那受造的人裡，淪落在敗壞中；耶穌基督，那成了肉身神的兒子，他的死使全人類落在甚麼景況呢？保羅告訴我們，基督死了，我們也死了；但這只是事件的開始，他復活了我們也復活了。他升天坐在全能父神的右邊，那尊榮、愛、喜悅和完全終極接納的位置上；保羅告訴我們，耶穌升天，我們也被提升，跟他一起坐在父的右邊，從此在那裡永遠被歡迎、接納和擁抱。」

耶穌告訴馬利亞，他要升天到「父」那裡，她和一切承認他是主的人也要跟他同享這個永恆的真實，永遠在「父」的擁抱裡。使

徒保羅後來更豐富地探索有關神兒女在基督裡的啟示, 我們才完全明白領會。在復活的清晨, 耶穌託付馬利亞, 那「使徒們的使徒」, 將神藉著耶穌的話和生命顯明神是我們的「父」這啟示的第二部分, 傳遞出去。

耶穌差遣馬利亞帶著一個驚人的訊息給他的朋友, 他的門徒。

「『你往我弟兄那裡去, 告訴他們說, 我要升上去見我的父, 也是你們的父, 見我的神, 也是你們的神。」」《約翰福音》 20:17

在《約翰福音15:15》中記載, 在釘十字架之前, 耶穌跟門徒在那樓上房間共進晚餐的時候, 對門徒說他不再稱他們為僕人, 要稱他們為朋友。在客西馬尼園裡, 他最需要朋友的時刻, 他們卻睡了; 殿衛來捉拿耶穌的時候, 他們都逃跑了; 彼得否認是跟隨他的人, 甚至否認認識他; 猶大出賣他然後自盡了; 只有他所愛的約翰在十字架旁陪伴他。此刻在復活的園子裡, 耶穌叫馬利亞往「我弟兄」那裡去。這輝煌新的一天開始了, 是關鍵性的開始。我們不單是他的跟隨者和朋友, 我們現在是他的弟兄, 跟他有更親密關係的連繫, 是家人, 同以作兒女的愛和情懷與他聯合, 我們是他的兄弟! 我們跟「父」的連結也再不一樣了。門徒知道神是耶穌的「父」, 他是「父」的獨生兒子; 他教他們禱告時稱呼神為「父」; 他們知道耶穌跟他的「父」有親密的關係, 稱呼祂「阿爸, 父」。

門徒和每一個藉著耶穌的死和復活進入這復活新生命的人, 現在都經歷到一個在關係上深切的轉變。我們成為了耶穌的弟兄, 不單單是神的後裔, 卻是神的兒子, 神從來都是我們的「父」。

耶穌叫馬利亞將這奇妙的訊息帶給他的弟兄, 他要升上去見「

我的父,也是你們的父,見我的神,也是你們的神。」他在十字架上贖罪的死和從死裡復活完成了一宗偉大的交易。他勝過死亡,粉碎了那從分別善惡樹而來的咒詛,他為世人傾出生命,買贖了世人。

保羅用「買贖」來描述在那最後時刻發生的事情。

世人都是神的後裔,神在創世以前預定他們要作祂的兒女。他們卻迷失了,永生神的兒子來尋找、帶回、買贖他們,藉著在十字架上流出自己生命的血,免了他們的債;「父」把他的兒女從黑暗的權勢和轄制中拯救出來,遷到他兒子的國度裡。

「他救了我們脫離黑暗的權勢,把我們遷到他愛子的國裡; 我們在愛子裡得蒙救贖,罪過得以赦免。」《歌羅西書》1:13-14

保羅說我們被買贖,罪得赦免,所欠的債都免去了。這一切都是藉著耶穌死在十字架上的犧牲。交易完成了,藉著他的死,買贖帶回許多兒子。從那一刻直到永永遠遠,我們是耶穌的弟兄、「父」的兒女。祂真的是我們的「父」,我們的神。

馬利亞把這訊息帶給門徒,他們是耶穌的弟兄,跟他一樣有同一的「父」。全能主神是他們的「父」,他們是祂的兒子。他們有一個新的身份,是兒子;有一個新的位置,被建立在兒子的名份上。

最後一位講故事的人

約翰
耶穌所愛的門徒

在本書以上的各章中，我都以講故事的人第一身所述說作開始；但在這章，我決定將耶穌所愛的使徒約翰的故事放在最後，作為全書的結語。他的故事都很豐富地記載在他的福音書中，這裡難免有點重覆累贅。他的故事是所有目擊證人的見證和回憶錄中最豐富的，也是聖靈感動最深入的啟示。

差不多所有聖經學者都同意，在第四卷福音書上那不知名的「耶穌所愛的門徒」是西庇太的兒子約翰、雅各的弟弟、耶穌的門徒、福音書的作者。根據福音書的記載，雅各和約翰的母親是馬利亞的姊姊撒羅米，所以他們是耶穌的表親。西庇太和他的兒子們都是在加利利以打漁為生。約翰曾經是施洗約翰的門徒，後來耶穌呼召他們兩兄弟，他們跟從了耶穌。他們在使徒當中有較高和重要的地位，不單單是因為他們是首批被呼召的門徒，也可能因為他們跟耶穌有親戚關係。在《馬太福音》3:17，耶穌稱他們為「半尼其」，就是「雷子」的意思。雖然平時他們性格表現冷靜溫良，但當他們的忍耐到極點時卻會出言狂野，表現激烈和大發雷

霆; 有一次, 他們兩兄弟甚至想要天上降下火來燒毀一個撒瑪利亞的市鎮, 受到耶穌責備。《使徒行傳》12:2 記載了雅各的殉道, 約翰繼續活了半世紀多。

只有雅各、約翰和彼得三個人親眼目睹耶穌叫睚魯的女兒復活; 他們三個人目睹耶穌登山變像; 客西馬尼園內, 當他們還未睡著之前, 親身體驗耶穌的難過和傷痛。

在耶路撒冷城裡, 耶穌打發約翰和彼得去安排預備那最後的晚餐; 在吃的時候, 那「耶穌所愛的門徒」依傍著耶穌, 靠在他的胸膛上。根據傳統, 這人就是約翰。門徒當中只有約翰和一些婦女們留在十字架旁。他遵守耶穌在十字架上的吩咐, 把阿姨馬利亞接了回家照顧。耶穌升天回到「父」那裡和聖靈降臨以後, 約翰和彼得成為了領導教會的重要領袖; 彼得在聖殿裡醫好那瘸腿的人那時, 約翰也在場; 他曾經跟彼得一起去探望撒瑪利亞的教會。

聖經沒有記載他在猶太地宣教有多久, 傳統說約翰和其他使徒們在那裡十二年, 直到希律亞基帕逼害信徒, 使徒分散到羅馬帝國各地及以外的地方。

根據《加拉太書》, 保羅在耶路撒冷跟約翰會面; 保羅抵擋加拉太猶太教的人時, 提到約翰、彼得和雅各是「教會的支柱」, 他們確認使徒保羅所傳那自由、不受猶太律法束縛的福音, 差他將福音傳到外邦人的世界。

在《新約聖經》中, 我們還可以在約翰寫的三封書信和《啟示錄》中知道有關他的情況。他是耶穌生平和工作的目擊證人之一。他在亞細亞住了一段年日, 熟悉在那地方居住的人, 受那地區各教會領袖們的尊崇。《啟示錄》指出作者約翰當時因著神的道

和耶穌的見證身處拔摩島上，在那裡接收到《啟示錄》的異象。

學者們對《約翰福音》的成書有爭議，有些學者同意是寫於主後65至70年間，有些近代學者卻強烈地主張是在第一世紀後期主後80至90年間成書。

天主教傳統認為，在主後54年馬利亞升天後，約翰去到以弗所，在那裡寫了他那三封書信，後來被羅馬統治者流放到拔摩島。根據特土良在《駁斥異端》中記載，在第一世紀後期羅馬皇多米提安 (Domitian) 在位時，約翰在羅馬被掉落在滾油中卻絲毫無損，然後被流放去到拔摩島。

約翰年老的時候所訓練出來的學生坡旅甲 (Polycarp) 後來成為了士每拿的主教，他承接了約翰的訊息，傳給後代。坡旅甲是愛任紐的老師，把約翰的故事傳給他。愛任紐在他駁斥異端的著作中，提到坡旅甲講到有關於約翰和諾斯底主義的教師塞林特斯 (Cerinthus) 的一件趣聞：

> 「主的門徒約翰去到以弗所的浴場洗澡，見到塞林特斯在內，急忙跑離浴場，澡也不洗了，高聲喊著說：『真理的敵人塞林特斯在裡頭，我們要立刻飛離險境，難料浴場也要倒塌下來。』」愛任紐《駁斥異端》

根據傳統，約翰活到很年老才離世，約在主後100年在以弗所善終。後期的基督教著作引用第二世紀早期的帕皮亞主教有關約翰死亡的記載，說約翰是被猶太人殺害。傳說約翰的墳墓位於以弗所附近的小鎮塞爾丘克 (Selcuk)。

「父」啟示「子」,「子」啟示「父」

約翰清楚知道,我們對「父」的認識,是藉著「子」、道成了肉身來到我們中間,向我們呈現、賜予和啟示;他在福音書起頭《約翰福音1:1-18》向我們解釋,耶穌來到我們的世界,在我們中間設立他的住處和他的家;然後用整本福音書向我們闡釋這是怎樣發生的,如何表達出來,住在我們中間有甚麼含義。耶穌的生命跟我們生命每一個層面全然息息相連,他一生經歷到人世間的喜樂憂愁,人生百態,親密地跟我們相交,分享他的生命。約翰親眼看到、親身體會、親筆寫下他從耶穌所領受到的,在《新約聖經》他的著作中傳給我們。

在四卷福音書中,耶穌都以他的生命和教導來向我們啟示「父」,其中以約翰描繪講述的最為豐富。約翰自己得到啟示;不單只耶穌認識「父」的愛,約翰也認識神是他自己的「父」;約翰認識神怎樣愛耶穌,也同樣地愛他。耶穌在那復活的園子裡對馬利亞說神是我們的「父」、我們是他的弟兄;這是奇妙啟示的終極篇,清楚地向我們揭示這真理,把我們擁抱在這個美麗的關係裡面。約翰在聖靈的帶領下,精心挑選擺在他面前豐富的資料,用他的心靈的洞識撰寫福音書,給我們展示耶穌、彌賽亞、神的兒子,惟有耶穌能夠獨特地向我們啟示神是世上所有人的「父」。在第二十章裡,他說:

「耶穌在門徒面前另外行了許多神蹟,沒有記在這書上。 但記這些事要叫你們信耶穌是基督,是神的兒子,並且叫你們信了他,就可以因他的名得生命。」《約翰福音》20:30-31

在福音書的終結, 他又說:

「耶穌所行的事還有許多, 若是一一地都寫出來, 我想, 所寫的書就是世界也容不下了。」《約翰福音》 21:25

在《約翰福音》裡面, 我們看到耶穌完全倚靠「父」。耶穌說他看到父作的事, 他照著作。沒有「父」, 單獨他自己是不完全的。

「『我實實在在地告訴你們, 子憑着自己不能做甚麼, 惟有看見父所做的, 子才能做; 父所做的事, 子也照樣做。 父愛子, 將自己所做的一切事指給他看, 還要將比這更大的事指給他看, 叫你們希奇。』」《約翰福音》 5:19-20

約翰又告訴我們耶穌只能說他所聽到「父」說的話。

「『因為我沒有憑着自己講, 惟有差我來的父已經給我命令, 叫我說甚麼, 講甚麼。 我也知道他的命令就是永生。故此, 我所講的話正是照着父對我所說的。』」《約翰福音》 12:49-50

在那樓房上面的房間裡, 腓力問耶穌「求主將父顯給我們看, 我們就知足了。」, 耶穌向他們清楚展示「父」與「子」的關係。

「耶穌對他說:『腓力, 我與你們同在這樣長久, 你還不認識我嗎? 人看見了我, 就是看見了父; 你怎麼說 "將父顯給我們看" 呢? 我在父裡面, 父在我裡面, 你不信嗎? 我對你們所說的話, 不是憑着自己說的, 乃是

住在我裡面的父做他自己的事。你們當信我,我在父裡面,父在我裡面;即或不信,也當因我所做的事信我。』」《約翰福音》 14:9-11

約翰短短的一句話,說出了耶穌來到我們中間要帶給我們那震撼人心的訊息:

「『到那日,你們就知道我在父裡面,你們在我裡面,我也在你們裡面。』」《約翰福音》 14:20

約翰領會到耶穌與「父」和「父」與「子」的合一,我們也在其中,被擁抱在他們愛的關係中。

「『我愛你們,正如父愛我一樣;你們要常在我的愛裡。你們若遵守我的命令,就常在我的愛裡,正如我遵守了我父的命令,常在他的愛裡。這些事我已經對你們說了,是要叫我的喜樂存在你們心裡,並叫你們的喜樂可以滿足。』」《約翰福音》 15:9-11

約翰很清楚記得耶穌這番話,他小心地記錄在他的福音書中。正如耶穌所說,聖靈要來提醒他對他們所說的這番話。

約翰接收到神是「父」這個啟示嗎?無可置疑,他收到了!

讓我們一起來聆聽約翰要講的故事吧!他還有末了的話要說。

約翰的故事

「要說的話, 已經說了很多, 我還有甚麼要說呢? 我知道其他的人都講述了他們的故事, 他們都是我的朋友和家人。耶穌是我的表兄, 我的母親和他的母親是親姊妹, 他們都分享了從他們觀點角度的經歷和感受。我在『認識他』中長大, 我們一起共渡童年、少年和青年, 一起成長。我在伯賽大長大, 離拿撒勒不遠, 兩家人不時會共聚。我一生以來都認識耶穌, 所以我喜歡自稱是他所愛的; 有些人會覺得我有點孤芳自賞, 但其實絕對不是, 我只不過認識我的真我, 我不是自誇狂傲。當然我知道他愛所有人, 我卻跟他有那特別的友誼和連結。我比他年輕, 我景仰他, 常常以他為我的榜樣, 我真的愛他。

從起初, 我已經如此認識他, 我聽到他的講話, 親眼看見發生的事, 觀察探索他所作的事, 也親手摸過他。他真的, 真的是一個人, 同時也是那『生命之道』。自此之後, 我終生不斷宣講傳揚這個事實。凡願意聆聽的, 我都向他們宣講耶穌帶來的生命是永遠的生命, 是與『父』同在, 現在向我們顯現的生命。我想跟每一個人分享我所聽到、所看到的一切, 叫他們也可以進入參與我們的相交。我們的相交, 我們深深的連結是與『父』和『子』耶穌基督相交。我每次講述這些事情, 我心裡都非常快樂, 使我的喜樂得以完全!

然後我要起來出去, 去傳道, 我不能不去。

認識耶穌改變了我的一切。不單只認識耶穌自己, 最真正使我改變的, 最終極、最重要的是認識神。祂是耶穌的『父』, 祂愛耶穌, 『父』怎樣愛耶穌, 耶穌也這樣愛我們。他打開了通到『父』

那裡去的門。耶穌是通向『父』的道路，有關『父』的真理，他分享『父』的生命，帶我們進入到這生命裡。耶穌把從『父』而來的一切跟我們分享，這真的難以想像！在這旅程中，我有寶貴的發現。我發現藉著耶穌，耶穌如何認識『父』，我也可以這樣認識神是我的『父』。我發現神是愛，這是祂的本性，祂很想跟我們分享祂的愛。祂要作我的『父』，縱使我還在罪和失敗中，祂仍在愛我；我發現祂常常饒恕我。你看到嗎？在祂裡面毫無黑暗，行在祂裡面、與祂同步而行，我們一起行在祂的光中，彼此相交，也與『父』相交；真的奇妙啊！耶穌在十字架上所流的寶血洗淨我們一切的罪，煉淨我們錯誤的思維和生活方式。我還發現如果任何人犯了罪，我們在父面前有一位中保，就是那義者耶穌基督自己；他是我們罪的挽回祭，不單只我們的罪，是全世界的罪；全世界的罪啊！

　　我把這些事情都寫了下來傳給後世，好叫他們也認識他。我也寫了幾封信，寫信之前，我寫下了他一生的故事，也包括了其他人講述的故事。我非常留心聆聽他們，也聆聽聖靈的聲音。最令我印象深刻的，是耶穌如何向我們啟示他的『父』。我們起初都不明白，但後來漸漸地我們開始領會了。甚至在那最後的晚上，他替我們洗腳，給我們擘餅傳杯，以紀念他真的與我們同在，我們那時還不完全明白神是我們所有人的『父』。那天晚上，我們…多馬、腓力和猶大（不是出賣他的猶大，是另外那一個）等不停地在問他；我們都知道他快要離開我們了，所以我們把握機會儘可能問他，他很耐心地逐個回答我們。

　　最奇妙的是他很清楚地告訴我們，他不會撇下我們為孤兒，沒有安慰，孤苦無助。他說要賜給我們另外一位安慰者永遠與我們同在，就是聖靈。聖靈會繼續把『父』啟示我們、教導我們真理，正如耶穌以往一樣。我撰寫他的生平故事的時刻，真的感到

聖靈的提醒、引導我選擇適合的故事和資料。

耶穌復活後約十天, 我們聚集在耶路撒冷, 他升天回到『父』那裡。我們很多人聚在一起, 約有一百二十人, 我的阿姨馬利亞和其他跟隨他的婦女都在其中。他曾經叫我們留在耶路撒冷, 等候他應許所賜給我們的聖靈。我們都不知道期待著甚麼, 但事情真的發生了。五旬節那天, 忽然有很大的響聲, 像打大風的聲音, 從天而來充滿我們坐著的整個房子。我們看見彷彿像舌頭的火焰, 分別降在各人身上。我們都被聖靈充滿, 聖靈將些話語放在我們口中, 我們都說起別國的方言來。你能夠親自看到、聽到就好了! 我們都非常興奮, 都在笑著; 那不可言喻的喜樂, 那聲音! 我們好像醉酒的人, 那時才是早上九時啊! 那是新的日子, 我們各人都充滿了耶穌的同在, 我們在他裡面, 他在我們裡面。從那天起, 我們開始經歷『父』向我們說話, 展示我們要做的事, 正如耶穌所說。

我開始領會『父』對我們的愛是何等豐富慷慨, 我們竟然被稱為神的兒女。我們真的是神的兒女!

我看到、聽到和記得的事, 大部分, 你可以在我寫的書中找到。如我所說, 耶穌還作了很多其他的事, 如果要全部寫下, 那些寫成的書全世界也裝不下。希望你回去好好閱讀我的福音書, 更清楚了解這些事。

親愛的朋友們, 我們要彼此相愛, 因為愛是從神而來。凡有愛心的, 都是由神而生, 並且認識神。 沒有愛心的, 就不認識神, 因為神就是愛。 神差祂獨生子到世間來, 使我們藉着他得生, 神愛我們的心在此就顯明了。 不是我們愛神, 乃是神愛我們, 差祂的兒子為我們的罪作了挽回祭, 這就是愛了。 親愛的朋友們, 神既是

這樣愛我們，我們也當彼此相愛。從來沒有人見過神，我們若彼此相愛，神就住在我們裡面，愛祂的心在我們裡面得以完全了。

神將祂的聖靈賜給我們，從此就知道我們是住在祂裡面，祂也住在我們裡面。『父』差『子』作世人的救主；這是我們所看見且作見證的。凡認耶穌為神兒子的，神就住在他裡面，他也住在神裡面。神愛我們的心，我們也知道也信。神就是愛；住在愛裡面的，就是住在神裡面，神也住在他裡面。所以我們知道和倚靠神賜給我們的愛。直到我生命的終結時，我只有一句臨別贈言：『神是愛！』所以小子們，讓我們彼此相愛。」

高卓華牧師的其他著作

《從恩中墮落，被天父接著進入恩典中》Falling from grace into Grace and being caught by the Father (2012)

卓華自述他個人的心路歷程。從一位辛勞作工、受傷和帶著孤兒心的牧師，他尋找到了他的真正身份，他是那位無條件地愛他的父神的兒子。本書現時只有英文版。

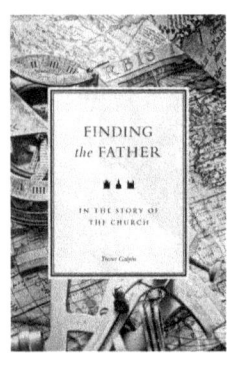

《在教會的故事中尋找天父》Finding the Father in the Story of the Church (2016)

當耶穌升天回到他的父那裡時，他差遣他的跟隨者接續他的工作。教會二千多年來嘗試執行這使命，在這故事中，天父心這真理雖然有時幾乎被遺忘了，但卻榮耀地一直永存不滅。本書現時只有英文版。

《保羅的故事: 早期的年間》The Story of Paul the Early Years (2018)

這是使徒保羅人生歷程第一階段的故事，場景設於從他早期事工到他完成第一次宣教旅程和寫作《加拉太書》的時段。本書現時只有英文版。

《保羅的故事: 中期的年間》The Story of Paul the Middle Years (2020)

這是使徒保羅人生歷程第二階段的故事,場景設於他第二和第三次宣教旅程的時段。本書現時只有英文版。

歡迎聯絡高卓華牧師, 網址:
www.trevorlindafhm.com

上列書籍可以在 amazon.com 購買, 包括平裝版實體書和 Kindle 電子書, 也有 《保羅的故事》 高卓華牧師親自口述的有聲書。

www.ingramcontent.com/pod-product-compliance
Lightning Source LLC
Chambersburg PA
CBHW071607080526
44588CB00010B/1050